지금이야말로 사랑할 시간

Copyright © 2025 Christopher White
All Rights Reserved
Korean translation copyright ⓒ 2025 by Hankyoreh En Co., Ltd.
Korean translation rights arranged with THE BARRY OFFICE
through EYA Co.,Ltd

이 책의 한국어판 저작권은 EYA Co.,Ltd를 통해
THE BARRY OFFICE와 독점 계약한 '주식회사 한겨레엔'에 있습니다.
저작권법에 의하여 한국 내에서 보호를 받는 저작물이므로
무단전재 및 복제를 금합니다.

지금이야말로
사랑할 시간

Pope Leo XIV: Inside the Conclave
and the Dawn of a New Papacy

차례

머리말
07

제1부 자유롭게 미래를 바라본 교황, 프란치스코
15

제2부 세상에서 가장 비밀스러운 선거의 내부
73

제3부 시카고에서 로마로
105

아들, 사제, 선교사, 목자
107

"일 파파 아메리카노!"
135

새 교황 시대의 서막
169

맺음말
211

감사의 말
220

옮긴이의 말
224

일러두기

- 모든 각주는 옮긴이의 것입니다.
- 단행본은 《　》로, 신문/잡지/문서/방송/영화/예술작품 등은 〈　〉로 표기했습니다.

(머리말)

벌집을 건드리다:
60년 만에 가장 중요한 콘클라베

미국인들은 차기 대통령 선거가 '국가 역사상 가장 중요한 선거'라는 말을 흔히 들어왔지만 교황 선거, 즉 콘클라베에 대해서는 그렇지 않다. 교황 선거는 2,000년의 역사를 지닌 제도로, 역사 안에서 흔히 일어나는 일이 아니기 때문이다. 그런데 2025년 5월 7일 133명의 추기경들이 시스티나 성당에 입장하기 전, 여러 추기경들은 나에게 이번 콘클라베가 적어도 60년 만에 가장 중요한 선거가 될 수도 있다고 말했다.

콘클라베는 1978년 요한 바오로 1세와 2세, 2005년 베네딕토 16세, 2013년 프란치스코 교황 때에도 있었다. 그럼에도 불구하고 왜 60년 만일까? 1963년 6월 3일 요한 23세 교황이 위암으로 향년 81세에 선종했을 때, 가톨릭교회는 중대한 시험대에 놓이게 됐다. 선종 1년 전인 1962년 요한 23세 교황은 가톨릭 역사에서 가장 중요한 전환점이 된 제2차 바티칸 공의회[1]를 개막했다. 이 공의회는 교회의 문을 현대 세계에 열어젖히겠다는 약속이었다. 이 대담한 계획의 시대적 배경을 이해하려면 당시의 국제 정세를 살펴볼 필요가 있다. 베트남 전쟁은 이미 10년 가까이 지속되고 있었고, 미국에서는 마틴 루터 킹 주니어Martin Luther King Jr.가 시민권 운동을 이끌고 있었으며, 인류는 핵전쟁이라는 실존적 위협 속에 살고 있었다. 이러한 격변의 시대 속에서 교회는 스스로 어떤 역할을 해야 할지에 대한 실존적 질문과 씨름하고 있었다.

공의회가 열릴 것이라는 소식이 1959년 1월 25일에 처음으로 발표됐을 때, 이는 로마를 넘어 전 세계에 충격을 안겨주었다. 공의회는 교회 역사 안에서도 매우 드문 사건이었기 때문이다. 훗날 '제2차 바티칸 공의회'로 불리게 되는 이 공의회가 열리기까지 교회 역사상 공의회는 단 스무 차례밖에 열리지 않았으며, 각 공의회는 큰 기대와 깊은 두려움을 동반했다. 1962년 공의회 개막

---

[1] 공의회Council는 일반적으로 교황과 전 세계 주교들이 모여 신앙, 도덕, 규율에 관한 문제를 논의하고 결정하는 회의다. 이 안에서 일치된 합의는 '확정적이고 절대적으로 지지되어야 하는' 특정한 교리로 선포된다. 요한 23세 교황에 의해 1962년부터 1965년까지 개최된 제2차 바티칸 공의회는 현재까지 개최된 마지막 공의회로 현대 가톨릭교회에 지대한 영향을 미쳤다.

식에서 요한 23세 교황은 전 세계에서 모인 2,500명에 가까운 주교들에게 이렇게 말했다. "이제 교회는 현재를 바라보고, 현대 세계의 새로운 조건과 삶의 형태가 가톨릭 사도직에 새로운 길을 열어주었음을 인식해야 합니다."[1] 이전의 공의회들이 흔히 가톨릭 생활 안에서 발생할 수 있는 이단적 교리를 억제하는 데 초점을 맞추며 내부를 향해 있었던 것과는 달리, 제2차 바티칸 공의회는 분명히 외부를 향해 있었다.

제2차 바티칸 공의회 첫 번째 회기의 주요 논의는 가톨릭 전례의 쇄신, 평신도들이 전례에 보다 적극적으로 참여할 수 있는 방식, 그리고 라틴어가 계속해서 보편적인 전례 언어로 유지되어야 하는지 아니면 각 지역의 자국어로 미사를 집전할 수 있어야 하는지에 관한 것이었다. 이 외에도 교회는 타 그리스도교 교파에 대한 입장, 교회와 세속 사회 간의 관계 등 다양한 주제들을 놓고 토론했다.[2] 제2차 바티칸 공의회는 이상의 개별 사안들을 넘어서 교회 내 의사소통과 운영 방식에도 새로운 전환을 가져왔다. 지역 교회의 주교들은 자신들의 경험과 배경을 바탕으로 더욱 솔직하게 발언했고, 신학자들은 논쟁의 핵심 주체가 되어 적극적으로 참여했다. 또한 타 그리스도교 교회의 대표들도 로마에 초청되어 이를 참관할 수 있었다.

첫 번째 회기의 한 참석자는 이후 이렇게 증언했다. "이런 일이 벌어지고 있다는 것을 전혀 몰랐습니다. 저는 로마 가톨릭교회가 매우 폐쇄적이고 자기만족적이며 배타적인 조직이라 다른 누구에게서도 배우려 하지 않는 집단인 줄로만 알았습니다. 하지만 이제는 더 이상 그 생각이 맞지 않는다는 것을 압니다. 어쩌면 애초부터 틀렸는지도 모르겠습니다. 전체적인 분위기가 너무도 달랐기 때문입니다. 베아(Bea) 추기경이 말했듯이 이것은 '진정한 기적'입니다."[3]

하지만 1963년 초여름, 공의회 시작 이후 1년 만에 요한 23세 교황이 선종하자 이 모든 것은 다시 시험대에 오르게 됐다. 추기경단은 공의회와 그에 따른 개혁들을 계속 추진할 새 교황을 선출할 것인가? 아니면 수십 년 혹은 수 세기에 걸쳐 쌓아 올린 전통이 무너질지도 모른다는 두려움에 방향을 틀어 되돌아가려 할 것인가? 그러므로 1963년의 콘클라베는 이 모든 문제를 둘러싼 치열한 도전이었으며, 〈뉴욕 타임스〉는 이를 두고 "현대사에 내일 로마에서 시작되는 교황 선거보다 중요한 선거는 없었다"[4]라고 보도했다.

그리고 1963년 6월 21일 조반니 바티스타 몬티니(Giovanni Battista Montini)가 새 교황으로 선출되어 '바오로 6세'라는 교황명을 택했다. 이는 요한 23세가 시작한 개혁들이 계속 이어질 것임을 분명히 알리는 신호였다. 선출 전까지 밀라노 대교구장이었던 몬티니 추기경은 요한 23세와는 다른 성격의 소유자였다. 다정하고 외향적이며 때로는 유머 감각까지 지녔던 요한 23세와 달리, 바오로 6세는 보다 진중하고 내성적인 성격이었다. 하지만 요한 23세의 든든한 우군이었으며 공의회 첫 번째 회기 때 매우 적극적으로 참여한 인물이기도 했다. 그럼에도 불구하고 몬티니 추기경은 공의회가 세계 교회 전체에 대대적인 도전이 될 것임을 누구보다도 잘 알고 있었다. 실제로 공의회가 처음 발표된 밤, 그는 친구에게 전화를 걸어 요한 23세 교황에 대해 이렇게 말했다고 전해진다. "이 거룩한 노인은 지금 자기가 얼마나 커다란 벌집을 건드리고 있는지 전혀 모르고 있어!"[5]

시간을 건너뛰어 프란치스코 교황의 재위 말기로 가보면, 그가 임명한 일부 추기경들조차 이와 비슷한 말로 교황을 묘사했으며 때로는 더 강경한 표현을 사용하기도 했다. 이에 대해서는 대표적인 사례 두 가지만 들면 충분할 것이다. 첫째, 조지 펠George Pell 추기경은 2023년 선종하기 전 프란치스코 교황의 재임 기간을 '재앙'이라 일컫는 비밀 메모를 작성했으며, 바티칸을 다시 법과 질서 중심으로 되돌릴 후보들을 공개적으로 지지하고 나섰다.[6] 둘째, 교황청 신앙교리성 장관이었던 독일 출신 게르하르트 뮐러Gerhard Müller 추기경은 보다 강도 높은 공개 비판을 이어갔는데, 프란치스코 교황이 동성 커플에게 축복을 허용한 것을 두고 그가 이단

의 길로 빠졌을 가능성을 암묵적으로 시사했다.[7]

그러나 비록 제2차 바티칸 공의회 이후 50년이 지난 시점이었지만, 프란치스코 교황에게 있어 그의 전체 교황직은 요한 23세 교황과 바오로 6세 교황이 시작한 공의회 개혁을 실현하려는 시도였다고 할 수 있다. 실제로 이 두 교황은 프란치스코 교황의 재임 기간 중 시성됐다. 제2차 바티칸 공의회는 교회 생활에 거대한 변화를 불러일으켰다. 그중에서도 획기적인 개혁으로는 평신도의 교회 참여 확대, 타 종교와의 관계에 있어 새로운 시대의 개막, 종교의 자유와 다원성에 대한 깊은 헌신을 들 수 있다.[2] 제2차 바티칸 공의회는 특히 교회 운영 방식이 더 많은 공동체적 협의와 책임을 강조하는 방향으로 나아가야 함을 명확히 요청했고, 무엇보다도 교회가 세상과 보다 깊이 소통하고 관계 맺을 것을 요구했다. 하지만 공의회의 이러한 지향은 오랜 시간에 걸쳐 매우 더디게 수용됐다. 프란치스코 교황은 자신의 첫 주요 문헌에서 공의회로 다시 시선을 돌리며 자신의 교황직이 공의회의 요청, 곧 "예수 그리스도에 대한 충실함에서 비롯된 끊임없는 자기 쇄

---

2 제2차 바티칸 공의회를 통해 가톨릭교회는 모든 구원이 그리스도와 교회를 통해 온다고 할지라도, 자신의 잘못 없이 교회를 알지 못하는 이들도 하느님의 은총과 양심에 따라 선하게 살려고 노력한다면 구원받을 수 있음을 인정했다. 이는 하느님의 자비와 구원 의지가 모든 사람에게 미친다는 믿음에 기반하는 것이다. 그러나 또 한편으로는 그리스도께서 세우신 교회를 알고도 고의로 교회에 들어오기를 거부하거나 교회 안에 머물기를 거부하는 사람들은 구원받을 수 없음을 분명히 한다.

신을 향한 교회적 회심"[8] 위에 기반을 두고 있다고 선언했다.

그로부터 이어진 12년의 재위 기간 동안, 프란치스코 교황은 이 비전에 따라 교회의 가치 순위를 근본적으로 재조정해나갔다. 그는 다음과 같은 방식으로 그 의지를 구체화했다. 성 윤리 문제에 집중해온 기존의 흐름에서 벗어나 이민자, 난민, 기후 위기에 처한 이들을 위한 사목적[3] 관심을 동시에 강조했고, 바티칸 역사상 처음으로 여성들을 고위직에 임명했다. 또한 오랜 시간 교황청을 상징해온 교황궁Palatium Apostolicum에 거주하지 않았으며, 전 세계 가톨릭 신자들의 기쁨과 불안을 나누고 교회가 그것에 귀 기울일 수 있도록 하는 전 세계 시노드synod[4]를 시작했다. 교회 밖에서는 이러한 변화들이 압도적인 환영을 받았다. 〈타임〉은 요한 23세와 요한 바오로 2세 교황 이후 세 번째로 프란치스코 교황을 2013년 '올해의 인물'로 선정했으며, 그를 "민중의 교황"이라 일컬었다. 이는 그가 오랜 시간 경직되어 있던 제도를 개혁하는 데 보인 용기 때문이었다.[9]

하지만 교회 내부에서는 또 하나의 벌집이 건드려진 셈이었

3 '사목'은 성직자가 신자 공동체를 돌보는 일로 가르침, 성사 집전, 봉사를 통해 신자들의 신앙과 삶을 인도하는 사제적 활동을 뜻한다.

4 그리스어 syn-hodos(함께 걷다)에서 온 말로, 성직자와 평신도가 함께 교회의 길을 식별(여러 의견 중에서 하느님의 뜻을 찾아 분별)하고 방향을 모색하는 공동 여정을 가리킨다. 단순한 '회의'가 아니라 기도와 경청, 대화, 식별의 영적 과정이다.

다. 2025년 콘클라베를 앞둔 상황에서 60년 전과 마찬가지로, 추기경단은 한 가지 핵심적인 질문에 직면해 있었다. 지금까지의 방향을 계속 유지할 것인가, 아니면 되돌아갈 것인가? 한 생애에 "이토록 중요한 교황 선거는 없었다"는 말이 두 번 나오는 건 흔치 않은 일이다. 그리고 2025년 5월 8일 프란치스코의 뒤를 이어 레오 14세가 교황으로 선출됐을 때, 역사가 다시금 반복될 가능성이 크다는 사실이 분명해졌다.

제1부

자유롭게 미래를 바라본 교황, 프란치스코

2023년 8월 전 세계에서 온 약 50만 명의 젊은이들은 '가톨릭 우드스톡'이라고도 불리는 일주일간의 세계청년대회World Youth Day, WYD[1]에 참석하기 위해 모여 있었다. 미사가 열리는 리스본의 에두아르두 7세 공원에 일찍 도착한 이들은 프란치스코 교황이 도착하기까지 거의 열두 시간 동안 포르투갈의 무더위를 견뎌야 했다. 그러나 이처럼 극심한 더위 속에서도 누구 하나 불평하는 기색을 보이지 않았다. 참가자들은 낮 시간 대부분을 카드 게임을 하거나, 서로 노래 대결을 하며 웃고 떠들거나, 즉흥 댄스 대회를 벌이며 보냈고, 자신들의 나라에서 가져온 사탕과 간식을 나누었다. 현지 조직위원회는 1985년 가톨릭교회가 세계청년대회를 시작한 이

[1] 1985년 성 요한 바오로 2세 교황에 의해 시작된 국제적 행사로 국적, 인종, 언어, 종교의 경계를 넘어 전 세계 청년들이 하나 되어 조화를 이루는 것을 목적으로 한다. 또한 전 세계의 청년들이 교회와 사회의 미래이자 희망으로서 세상을 변화시킬 수 있는 능력을 키워나가도록 돕고자 한다. 3~4년 주기로 열리는 이 대회는 지금까지 유럽, 아시아, 아메리카, 오세아니아 등 다양한 대륙에서 열렸으며 모두 그리스도교 국가에서 개최됐으나, 2027년 비그리스도교 국가 최초로 대한민국에서 열릴 예정이다. 그리고 이 자리에 레오 14세 교황의 방한이 예정되어 있다.

래, 이번 대회가 가장 다양성이 풍부한 대회였다고 자부했다. 평소 도시의 주요 녹지 공간 중 하나였던 공원은 이날만큼은 온갖 색깔의 돗자리, 방수포, 그리고 쓰레기들로 인해 잔디 한 포기도 보이지 않았다. 스피커에서는 음악이 끊임없이 울려 퍼지고 있었다. 마침내 프란치스코 교황이 교황차를 타고 도시의 주요 도로를 지나 거대한 제단 앞에 도착하자, 군중은 일제히 "비바 일 파파!Viva il papa!(교황님 만세!)"라고 외치며 환호했다.

이미 저녁에 가까운 시간이었지만, 포르투갈의 태양은 여전히 강렬하게 내리쬐고 있었다. 현장에 있던 대부분의 기자들과 마찬가지로, 나는 참을 수 없는 더위에 넥타이를 풀어야 했다. 정중함을 유지하기 위해 재킷은 벗지 않았지만, 그 안은 땀으로 흠뻑 젖어 있었다. 하지만 이 행사에 참여하기 위해 몇 년 동안 돈을 모으고 후원금을 마련해 버스를 타고 일주일간 유럽을 횡단해 왔거나, 솔로몬제도 같은 먼 섬나라에서 비행기를 타고 온 젊은이들은 이 무더운 날씨조차 전혀 개의치 않는 듯했다.

사실 지난 몇 주 동안 여든여섯의 프란치스코 교황이 이번 순방을 무사히 소화할 수 있을지에 대한 의문이 끊이지 않았다. 1년 전부터 교황은 휠체어를 정기적으로 사용하기 시작했고, 바로 그해 여름 초에는 예상치 못한 탈장 수술을 받았기 때문이었다. 수술 이후 첫 해외 방문이라는 점도 큰 우려를 안겨주었다.

8월의 무더위로 교황의 체력은 시험대에 오를 것으로 보였으며, 닷새간 계획된 열한 차례의 연설은 다소 무모해 보이기까지 했다. 실제로 그는 세계청년대회를 주재한 역대 교황들 가운데 가장 고령이었다.[10]

나를 포함한 대부분의 바티칸 사람들, 즉 세계에서 가장 오래되고 어쩌면 가장 구시대적인 기관의 내부를 취재하는 것을 생업으로 삼는 기자들은 이미 관련 기사를 작성해 본사에 송고한 상태였으며, 교황이 사전에 준비한 연설문 그대로 발언하는지만 확인하기 위해 현장에 있었다. 프란치스코 교황은 재임 초기 즉흥 발언으로 유명했으며, 덕분에 예기치 못한 뉴스 헤드라인이 끊이지 않았다. 하지만 나이가 들어가며 그러한 경향은 대부분 사라졌다. 따라서 나의 일정은 매우 단순했다. 교황이 준비된 연설을 마치면 본사에 기사를 게재하라고 알리고, 바칼라우(포르투갈식 대구 요리)와 비뉴 베르드(포르투갈의 포도주)를 즐기러 서둘러 떠나는 것. 사실 포르투갈에 온 진짜 이유도 이것 때문이었다. 하지만 교황이 연설을 시작하자, 들뜬 군중은 좀처럼 조용해질 줄 몰랐다. "비바 일 파파!", "에스타 에스 라 후벤투드 델 파파!Esta es la juventud del Papa!(우리는 교황님의 청년입니다!)"라는 외침이 에두아르두 7세 공원을 가득 메웠다. 교황은 아마도 자신이 마지막 세계청년대회를 주재하고 있음을 의식하고 있었을 것이다. 그는 눈앞에

펼쳐진 장면을 바라보며 미소 지었다. 그의 눈빛이 반짝였다. 사람들과 함께 있기를 열렬히 사랑했던 교황에게 여름 내내 바티칸 안에 머무르는 일은 고역이었을 것이다. 그는 군중의 열기에 활기를 새롭게 되찾은 듯했다.

교황은 준비된 원고를 내려놓고, 마음에서 우러나오는 말을 하기 시작했다. "친구들이여, 저는 거짓말과 빈말을 싫어하는 여러분에게 솔직히 말하고 싶습니다. 교회에는 모두를 위한 자리가 있습니다. 모든 사람 말입니다. 교회에서는 그 누구도 소외되거나 버려지지 않습니다. 있는 모습 그대로, 모두의 자리가 있습니다. 모두가 함께입니다."[11] 교황은 자신의 모국어인 스페인어로 말하고 있었지만, 지구촌 거의 모든 나라에서 온 젊은이들은 동시통역이 제공되는 헤드셋을 착용하고 있었다. 그는 이어서 말했다. "예수님께서도 어떤 사람이 준비한 잔치에 사람들을 초대할 때 이것을 분명히 말씀하셨습니다. '가서 모든 사람을 데려오너라.' 젊은이와 노인, 건강한 사람과 병든 사람, 의인과 죄인, 모두 말입니다. 토도스, 토도스, 토도스!Todos, todos, todos! (모두, 모두, 모두!)"

그는 "토도스, 토도스, 토도스!"라고 거듭 외친 후, 요청을 덧붙였다. "자, 이제 모두 함께, 각자의 언어로 저와 함께 외쳐봅시다. 모두, 모두, 모두!" 통역의 시간차로 인해 약간 지연됐지만, 군중은 곧 그의 말을 따르기 시작했다. 프란치스코 교황은 열정에 가득 차 있었다. "잘 안 들리는군요! 한 번 더!" 그는 장난스레 다그쳤고, 군중은 폭발적인 함성으로 화답했다. 기쁨에 찬 교황은 미소 지으며 다시 말했다. "모두, 모두, 모두! 그것이 바로 교회, 곧 모든 이를 품는 어머니입니다. 교회에는 모두를 위한 자리가 있습니다."

다음 날 바티칸 일간지의 1면 헤드라인은 "토도스, 토도스, 토도스!"였다. 이 외침은 단순히 세계청년대회의 구호로만 그치지 않고 프란치스코 교황의 사명을 담은 선언으로 자리매김하게 됐다.[12] 이 짧은 한마디는 프란치스코 교황의 지지자와 반대자 모두에게 그의 교황직 전체를 함축하는 문장이 됐다.

이 표현은 2013년 선출 직후, 그가 동성애자에 대한 질문을 받았을 때의 뜻밖의 발언을 떠올리게 한다. 당시 그의 대답은 전 세계에 울려 퍼졌다. "제가 감히 어떻게 판단할 수 있겠습니까?Who am I to judge?"[13] 이 대답은 많은 이들에게 교회 제도 자체, 혹은 그동안 민감한 사목적 사안을 다뤄온 교회의 방식에 기꺼이 도전하려는 '이단아적 교황'의 새 시대가 열렸다는 신호처럼 보였다. 이 도전은 오래전부터 필요했던 것이 분명했지만 누군가에게는 이 새로운 태도가 교회 전체를 뒤흔드는 위험 요소로 여겨졌으며, 그의 재임 내내 이어질 논쟁의 씨앗이 됐다.

종종 적지 않은 비용을 내고 교황 순방에 동행하는 기자들에게 '가장 뉴스가 되는 순간'은 고도 3만 피트 상공, 즉 일정의 마지막에 열리는 기내 기자회견에서 발생하곤 했다. 세계청년대회를 마치고 포르투갈에서 로마로 돌아가는 길, 독일 출신의 한 기자가 교황에게 도전적인 질문을 던졌다. 그녀는 교황이 세계청년대회 개막 연설에서 "교회가 모두에게 열려 있다"고 말한 것을 언급하며 질문을 이어갔다. "하지만 현실에서는 모두가 같은 권리와 기회를 가진 것은 아닙니다. 예를 들어 여성과 동성애자는 모든 성사를 받을 수 없습니다. 교황 성하께서는 '열린 교회'와 '모두가 평등하지 않은 교회' 사이의 이 모순을 어떻게 생각하십니까?"[14] 교황은 이 질문을 던진 기자의 용기에 감사를 표하며 교회에는 분명 동성 혼인 성사나 여성의 서품 성사가 이뤄질 수 없는 교리가 존재한다고 대답했다. 그리고 그럼에도 교회가 강조해야 할 것은 규율 이전에 각 사람이 인생 여정 어디에 있든 모든 사람과 함께하며 환영받는다고 느끼도록 하는 것이라고 설명했다. 그리고 그는 순방 내내 반복해온 메시지를 다시 한번 강조하며 말을 맺었다.

"각 사람은 교회 안에서 저마다의 방식으로 하느님을 만납니다. 그리고 교회는 각 사람이 그 길을 걸어갈 수 있도록 인도하는 어머니이자 길잡이입니다. 주님께서는 분명히 말씀하셨습니다. 병든 이와 건강한 이, 나이 든 이와 젊은이, 못생긴 이와 아름다운 이, 선한 이와 악한 이 모두에 대해 말입니다. 교회는 어머니입니다. 교회는 모두를 받아들이며, 각 사람은 교회 안에서 자신의 길을 조용히 걸어갑니다. 이는 매우 중요합니다."[15]

같은 주간, 나는 리스본 세계청년대회를 맞이해 교구 청년들을 인솔해 온 한 미국 추기경과 점심 식사를 함께했다. 세계청년대회와 같은 대형 행사는 기자들에게는 정보 수집의 기회가 풍부한 현장이다. 이는 현장의 분위기를 파악하고 관계자들의 의견을 들을 수 있는 좋은 기회일 뿐만 아니라, 더 넓은 차원에서 교회의 전반적인 흐름과 동향을 가늠할 수 있는 귀중한 기회이기도 하다. 도시의 주요 대로변에 있는 한 야외 카페에서 우리는 교황이 개막식에서 보여준 그 인상적인 순간을 떠올렸다. "교황님의 메시지는 분명합니다. 토도스, 토도스, 토도스!" "맞습니다." 그는 전적으로 동의하며 말했다. "이제 남은 질문은 '어떻게'입니다. 바로 그 점이 앞으로 남은 두 차례의 10월(시노드 회기)에서 다룰 핵심 주제가 될 겁니다."

시노달리타스 synodalitas[2] 와
교회의 미래

추기경이 언급한 '10월'은 프란치스코 교황이 소집한 중요한 회의

---

[2] '시노드'에서 파생된 말로 '함께 걷는 교회의 삶의 방식', 즉 모든 신자가 성령 안에서 함께 듣고 대화하며 식별하는 공동체적 체험과 태도를 뜻한다.

를 염두에 둔 것이었다. 이 회의는 가톨릭교회의 미래를 논의하기 위한 것으로, 일반적으로 '시노드(세계주교대의원회의)'라 불린다. 프란치스코 교황은 이러한 시노드를 교회 쇄신을 위한 핵심 도구로 삼았다. 시노드 제도는 1965년 제2차 바티칸 공의회 말미에 바오로 6세 교황이 도입한 것이다. 이는 주교단의 단체성 collegialitas을 확장하고, 교회 삶에 있어 중요한 주제들에 대해 더 넓은 논의를 촉진하기 위한 노력의 일환이었다. 그 이후로 시노드는 몇 년마다 한 번씩 열렸으나, 최근까지 교회에 본질적인 영향을 주는 진지한 논의의 장으로 기능한 경우는 드물었다. 실제로 요한 바오로 2세 교황 재위 시절의 시노드에서는 교황이 회의장 앞자리에 앉아 성무일도를 낭독하는 장면이 자주 목격되곤 했으며, 전 세계 주교들은 사전에 준비한 발언을 발표했다. 로마에서 회자되는 농담으로, 사실 교황이 읽고 있던 것은 성무일도가 아닌 시노드 최종 보고서라는 말이 있다. 이는 시노드의 결론이 회의 시작 전부터 이미 정해져 있었다는 인식을 풍자한 것이다. 보수적 성향의 사제로서 요한 바오로 2세 교황과 가까웠던 고故 리처드 존 뉴하우스Richard John Neuhaus 신부조차도, 1997년 아메리카 대륙을 위한 특별 주교 시노드 회의에 참석한 기간 동안 회의가 진행되는 내내 한 권의 책을 집필할 수 있을 정도였다고 회고했다. 그는 당시 경험을 이렇게 요약했다. "4학년 때 우드워드 선생님 수업을 들은 이후로 이렇게 지루했던 적은 없었다."[16]

프란치스코 교황의 첫 번째 시노드는 2014년에 열렸다. 이 회의는 그의 교황직 아래에서 더 이상 모든 것이 관례대로 흘러가지 않을 것임을 분명히 알리는 신호였다. 개막 연설에서 프란치스코 교황은 시노드의 기본 원칙은 "자유롭게 말하는 것"이라며 다음과 같이 말했다. "누구도 '이 말은 못 하겠어. 사람들이 나를 이렇게 혹은 저렇게 생각할 거야…'라고 생각해서는 안 됩니다. 느끼는 바를 파레시아parrhesia[3]로 말하는 것이 반드시 필요합니다." 이어서 그는 한 추기경에게서 편지를 받은 일화를 들려주었다. 그에 따르면, 최근 가정생활과 관련된 교회 회의에서 몇몇 추기경들이 교황의 기분을 상하게 할까 봐 진심을 말하지 못했다는 것이었다. 이에 프란치스코 교황은 다음과 같이 말했다. "이것은 바람직하지 않습니다. 이것은 시노달리타스가 아닙니다. 주님 안에서 느끼는 모든 것에 대해 예의를 앞세우지 말고, 주저하지 말고 모두 말해야 합니다. 동시에 형제들이 말하는 것을 겸손하고 열린 마음으로 경청하고 환대할 줄 알아야 합니다. 시노달리타스는 이 두 가지 자세, 즉 두려움 없이 말하는 용기와 겸손히 경청하는 태도 안

---

3 고대 그리스어에서 유래한 단어로 '담대하고 진술한 발언'을 의미한다. 단순히 솔직하게 말하는 것을 넘어, 위험을 감수하면서도 공동의 이익을 위해 진실을 말해야 할 의무를 포함하는 개념이다.

에서 실현됩니다."[17]

프란치스코 교황의 첫 두 차례 시노드는 현대 가정생활이 직면한 여러 도전에 대해 교회가 어떻게 더 나은 방식으로 응답할 수 있을지를 중심 주제로 삼았다. 그 결과, 특정한 조건 아래에서 이혼 후 재혼한 신자들이 다시 성체를 영할 수 있도록 허용하는 결정이 내려지게 됐다. 세 번째 시노드는 2018년에 열렸으며 청년과 교회의 미래에 관한 주제를 다뤘다. 이어서 2019년에는 아마존 지역 9개국을 위한 특별 시노드가 소집됐다. 이 아마존 지역을 위한 주교 시노드는 이른바 '지구의 허파'라 불리는 중요한 지역이 직면한 심각한 환경 문제에 집중했으며, 동시에 이 지역의 수많은 가톨릭 신자들이 지리적으로 고립되어 정기적인 성사 참여가 어렵다는 현실을 조명했다. 당시 주요 논의 가운데 기혼 남성의 사제 서품 허용 가능성과 여성 부제직의 복원 문제가 포함됐다. 결국 프란치스코 교황은 이 두 가지 민감한 사안에 대해 명확한 결정을 내리지는 않았지만, 동시에 그 가능성의 문을 완전히 닫지도 않았다.

매번 시노드가 열릴 때마다 긴장감이 고조됐고, 로마는 희망과 불안이 교차하는 분위기였다. 이에 서로 대립하는 진영이 조직됐다. 한쪽은 시노드를 통해 오랫동안 미뤄져온 개혁이 마침내 실현될 것이라 믿는 이들이었고, 다른 한쪽은 시노드가 교회를 이단으로 이끌고 있다고 우려하는 이들이었다. 여성의 사제 서품을 지지하는 단체들은 붉은 양산을 들고 바티칸 주변을 행진하며 "지금 당장 여성에게 사제 서품을 허하라!"고 외쳤다. 한편 전통주의 진영에서는 바티칸 인근의 한 성당에 난입해 시노드 중 거행된 기도 예식에 사용된 조각상이 이교도의 것이라고 문제 삼아, 그것을 로마의 테베레강에 던져버리는 사건이 발생하기도 했다.[18]

프란치스코 교황은 자신의 시노드가 교회 안에 불러일으킨 각종 혼란을 누구보다도 깊이 인식하고 있었다. 그는 일부 단체들의 과격한 방식에 회의적이었지만, 여러 의견이 비공식적 공간이 아닌 공개 석상에서 오가고 있다는 사실을 기쁘게 여겼다. 2020년 바티칸은 '시노달리타스에 관한 시노드'라는 이름의 다년간의 계획을 발표했다. 다소 전문적이고 경직된 이름이었지만, 이 시노드의 핵심 취지는 가톨릭 신자와 비신자 모두에게 교회에 대한 염원, 두려움, 희망을 나눌 기회를 제공하는 것이었다. 프란치스코 교황에게 시노드는 교황 재임 중 가장 중요한 개혁의 수단이었고, 이 야심 찬 시노드는 그의 교황직 전체의 유산이 될 것이었다. 전 세계의 가톨릭 교구에서 경청회 listening sessions 가 진행됐으며, 이에 대해 영국 기자 오스틴 아이버레이 Austen Ivereigh 는 "인류 역사상 가장 큰 규모의 의견 수렴 과정"[19]이라고 묘사했다. 이번 시노드의 주제는 광범위했다. 사제 양성, LGBTQ+[4] 가톨릭 신자 문제, 성직

---

4 성적 지향과 성 정체성의 다양성을 포괄적으로 나타내는 용어로 각 글자는 다

자 성학대 문제, 일부다처제, 여성의 사제 서품, 빈곤, 이민자 문제 등 교회 공동체가 직면한 모든 주제가 논의의 대상이었다. 한때 교회 안에서 금기시되어 신학자나 사제들이 언급만 해도 제재를 받을 수 있었던 주제들조차 논의가 권장됐고, 바티칸은 이를 위한 공식적인 자리를 제공했다.

자신의 기준으로
자신을 판단하던 교회의 쇄신

2013년 3월 13일 밤, 최초의 글로벌 사우스Global South[5] 출신이자 첫 예수회 출신으로 교황에 선출된 인물이 성 베드로 대성당 중앙 발코니에 처음으로 모습을 드러냈을 때 전 세계는 놀라움을 감추지 못했다. 그러나 새로운 교황의 방향은 이미 그 순간부터 명확했다. 그는 교황명으로 가난과 겸손의 삶으로 알려진 13세기 성인 프란치스코[6]의 이름을 택했다. 이는 곧 다음의 메시지를 의미했

음을 의미한다. L: Lesbian(레즈비언), G: Gay(게이), B: Bisexual(양성애자), T: Transgender(트랜스젠더), Q: Queer 또는 Questioning(기존 범주에 속하지 않거나 성 정체성을 탐색 중인 사람), +: 위 범주 외의 다양한 성 정체성을 지닌 사람.

[5] 전통적으로 남반구Southern Hemisphere와 유사하게 사용되지만 단순한 지리적 개념을 넘어 식민주의, 제국주의, 발전의 불균형, 자원 착취 등을 겪은 비서구 지역들(아시아, 아프리카, 라틴아메리카)을 포함한다.

[6] 교황명은 전임자의 행적을 본받고자 하는 의미로 이전 교황들의 이름을 선택하는 것

다. 교회가 복음의 본질, 즉 가난한 이들과 소외된 이들에게 봉사해야 하며 그 목적을 위해 자신의 권위를 사용해야 한다는 것. 그는 전통적으로 새 교황이 착용했던 붉은 벨벳 모제타^{mozzetta}[7]를 생략하고 단순한 흰색 수단^{cassock}[8]만을 입었다. 또한 생활 공간으로 교황궁이 아닌 교황청에서 일하는 사제들이 거주하는 게스트하우스(카사 산타 마르타$^{Casa\ Santa\ Marta}$)를 선택했다. 이는 공동체 안에서 일반 사제들과 함께 살아가기 위함이었다. 그는 자신의 일정을 스스로 관리했고, 일반 식당에서 다른 이들과 함께 식사했으며, 자신의 가방을 직접 들고 다녔다. 프란치스코 교황에게 있어 교황이라는 직분은 봉사의 대상인 백성들로부터 동떨어져 있는 지위가 아니었다.

콘클라베에 앞서 추기경들은 시스티나 성당에 들어가 비밀

이 전통이다. '프란치스코'는 전임 교황 중 누구도 사용하지 않았던 매우 이례적인 이름이었다. 프란치스코 성인은 가톨릭교회에서 가장 사랑받는 성인 중 한 명으로, 본래 부유한 상인의 아들로 태어나 쾌락과 명예를 추구하던 청년이었다. 그러나 개인적 명예를 위해 참가한 전쟁에서 패배한 이후 병상에 있던 중 "무너진 내 집을 고쳐라"라는 예수님의 말씀을 체험한 뒤, 모든 유산을 포기하고 철저한 청빈의 삶을 시작했다. 이후 그는 다양한 기적과 행적을 통해 청빈, 겸손, 평화, 형제애, 모든 피조물에 대한 사랑을 몸소 실천한 성인으로 역사에 기록된다. 그의 이름이 교황명으로 사용되지 않았던 이유는 가난과 극단적인 겸손함의 이상을 상징했기 때문이다. 정치적 역할을 수행해야 하는 교황이 그 이름을 사용하는 것이 오히려 노골적으로 명예를 추구하는 것처럼 보일 수 있다는 우려가 있었던 것이다.

7 전통적으로 새 교황이 착용하던 짧은 망토 형태의 복식이다.

8 가톨릭교회에서 성직자들이 착용하는 긴 겉옷 형태의 성직자복이다. 일반 사제의 경우는 검은색 수단을 착용하며 이는 세속에 대한 포기와 겸손을 의미한다. 교황의 경우 순수와 정결, 성스러움, 그리스도의 대리자를 뜻하는 흰색 수단을 착용한다.

투표를 하기 전에 전체 회의general congregations라 불리는 일련의 시간을 갖는다. 이 회의에서는 교회가 직면한 주요 사안들을 논의하고, 차기 교황에게 기대하는 자질을 서로 나눈다. 대통령 후보를 선출하는 세속의 공개 토론과 같은 절차는 아니지만, 이 자리에서는 어떠한 교황이 차기 교황으로 선출되어야 할지를 다소 구체적으로 의논한다. 일부 추기경들은 전임 교황의 방향성을 이어갈 인물을 선출하자고 주장하고, 또 다른 일부는 노선을 수정할 수 있는 인물을 요구한다. 이 회의는 비공개로 진행되지만, 2013년 콘클라베 당시 무엇이 논의됐는지는 이제 어느 정도 알려져 있다. 그때는 교황청의 재정 문제가 큰 비중을 차지했다. 당시 바티칸은 유럽 법정에서 자금세탁 혐의로 조사를 받고 있었기 때문이다.[9] 또한 성직자의 성학대 문제도 논의됐으며, 무엇보다도 연고주의적 성향이 강한 바티칸 관료 체제가 가장 중요한 의제로 다뤄졌다.

[9] 바티칸의 공식 금융기관인 바티칸 은행 IORInstitute for the Works of Religion은 국가 금융 시스템의 일반적 규제에서 독립된 구조를 가지고 있었다. 따라서 외부 감사, 국제적 금융 규제, 고객 확인KYC, 자금세탁방지법AML 등이 제대로 적용되지 않았으며 이에 따라 자금세탁에 악용될 수 있는 구조라는 비판이 교회 내에서도 꾸준히 제기되곤 했다. 2010년 9월 이탈리아 검찰은 당시 은행장 에토레 고티 테데스키Ettore Gotti Tedeschi를 자금세탁 혐의로 수사하며 출처와 수령자가 불명확한 2,300만 유로 상당의 바티칸 계좌 자산을 동결했다. 이후 바티칸 은행은 유럽평의회 산하 자금세탁방지 전문기구의 감시 대상이 됐고, 2012년 평가 보고서에서 "법적 틀은 마련되고 있으나 외부 감사 시스템이 미비하다"라는 평가를 받았다. 이에 따라 프란치스코 교황 재위 후 더욱 강도 높은 감사 및 계좌 정리, 투명성 강화 개혁이 이루어졌다.

여러 번의 회의 중 한 차례, 당시 아르헨티나의 추기경이었던 호르헤 마리오 베르고글리오 Jorge Mario Bergoglio(프란치스코 교황의 본명)는 약 4분간의 연설을 했다. 그는 회의에서 제기된 모든 지적들에 전적으로 동의한다고 밝히면서도, 단순히 기술적이거나 관료적인 해결책만으로 붕괴된 시스템을 바로잡을 수는 없다고 경고했다. 대신 그는 루카 복음서에 나오는 한 장면을 묵상의 주제로 삼았다. 그것은 악령에 들려 18년 동안 허리를 펴지 못하고 살아온 여인에 대한 이야기였다. 이 복음 말씀을 되새기며, 베르고글리오 추기경은 오늘날의 교회가 자신의 기준으로만 자신을 판단하는 '자기 참조적 self-referential 영성'과 때로는 '성직주의적 clericalist 사고방식'에 사로잡혀 본래의 사명을 수행하지 못하는 상태에 이르렀다고 진단했다. 그는 연설에서 다음과 같이 강조했다. "교회는 자기 자신에게 갇혀 있어서는 안 되며, 그 울타리 밖으로 나아가야 합니다. 단지 지리적 주변부뿐 아니라 존재론적 주변부까지 포함해야 합니다. 그리고 그곳에서 세상의 고통과 불의에 대해 말할 수 있어야 합니다."

"교회가 스스로 밖으로 나아가 복음을 선포하지 않을 때, 교회는 자기 참조적이 되고 병들게 됩니다." 베르고글리오 추기경은 동료 추기경들에게 이렇게 말했다. "시간이 지나면서 교회 제도 안에서 발생하는 여러 가지 악의 뿌리는 바로 자기 참조성과 일종의 신학적 자아도취^{narcissism}에 있습니다." 그는 이어서 이렇게 덧붙였다. "자기 참조적인 교회는 예수 그리스도를 자기 내부에만 가두게 됩니다. 그분이 세상으로 나아가도록 내보내지 않습니다."[20] 그가 이 말을 마쳤을 때 여러 추기경들은 그가 바로 자신들이 찾고 있던 인물임을 깨달았다. 그리고 며칠 뒤, 그를 교황으로 선출했다.

이날 프란치스코 교황이 제기한 문제의식은 그의 교황직 전반에 걸친 과업의 우선순위를 분명하게 드러낼 뿐 아니라, 교회 지도자로서의 동력을 예언적으로 그려낸 장면으로 평가된다. 그는 교회가 우선순위를 재검토해야 하며 복음을 선포하고 사명을 수행하는 방식을 전반적으로 다시 성찰해야 한다고 강하게 믿었다. 교회의 본질적 사명은 무엇보다도 복음을 선포하는 것이기 때문이다. 한편 그의 이러한 발언들의 행간을 읽어보면 왜 교회 내 일부에서 그에 대한 강한 저항이 일어났는지를 이해할 수 있다. 이 연설은 현상 유지에 정면으로 도전하는 것이었다. 또한 겸손하지 않은 이들에게 겸손을 요청하는 연설이기도 했다.

프란치스코 교황이 강조한 '주변부로 나아가는 교회'라는 비전 속에는 교회 운영의 탈중앙화에 대한 그의 강한 열망이 담겨 있다. 그가 추구한 탈중앙화는 단지 교회 통치 구조에만 국한된 것이 아니라 사목의 유연성과 창의성 확대라는 측면에서도 중요했다. 교회 목자들의 핵심 역할은 율법의 집행자가 되는 것이 아니라 사람들에게 복음을 전하는 것이어야 한다는 것이다. 이러한 방향성은 2013년 11월 프란치스코가 발표한 첫 번째 주요 교황 문헌인 〈복음의 기쁨 Evangelii Gaudium〉에서 특히 분명하게 드러난다. 그는 이 문헌에서 '교황직에 대한 회심'이 필요하다고 선언했다.[21] 이 문헌의 중심 메시지에는 교회가 '선교 방식' 또는 '선교의 여러 선택지'를 포괄적이고 개방적으로 받아들여야 한다는 호소가 있다. 그는 교회가 "무수한 교리를 단편적으로 전달하면서 끊임없이 강요하는 방식"에 집착해서는 안 된다고 지적했다. 대신 교회는 세상 속으로 나아가 가난하고 상처 입고 사회에서 버려진 이들의 필요에 다가가야 한다는 것이다. 2023년 세계청년대회에서 외쳐졌던 구호 "토도스, 토도스, 토도스"는 바로 〈복음의 기쁨〉에서 그 뿌리를 찾을 수 있다. 프란치스코는 문헌에서 "'밖으로 나아가는' 교회는 곧 문을 활짝 열어놓은 교회입니다"[22]라고 말했다.

　그는 또한 같은 문서에서 다음과 같이 자신의 뜻을 밝혔다. "교회가 이러한 선교 역량을 갖고 있다면, 예외 없이 모든 이에게 나아가야 합니다. 그렇다면 교회가 가장 먼저 찾아가야 할 이는 누구입니까? 복음을 읽어보면 분명한 방향을 알 수 있습니다. 그것은 친구들이나 부유한 이웃들이 아니라 누구보다 가난한 이들과 병든 이들, 사회로부터 멸시받고 외면당하는 이들입니다."[23] 그리고 그는 이렇게 덧붙였다. "저는 거리로 나가 상처받고 아프고 때로는 더럽혀진 교회를 더 좋아합니다. 자신만의 안위에만 집착함으로써 안에 틀어박혀 병든 교회는 원하지 않습니다. 중심에 있고자 몰두한 나머지, 결국 집착과 절차의 그물망에 갇혀버린 교회를 원하지 않습니다."[24] 이 말들로 프란치스코 교황은 교회의 미래에 대한 자신의 비전을 요약해 제시했다. 그리고 이 비전은 그의 과거를 제대로 파악해야만 비로소 온전히 이해될 수 있다.

가난한 이를 위한 교회

때는 요한 바오로 2세 교황의 선종 이후 요제프 라칭거Joseph Ratzinger 추기경이 베네딕토 16세로 선출된 콘클라베로부터 2년이 지난 2007년이었다. 흥미롭게도 당시 콘클라베에서 베르고글리오 추기경이 유력한 후보였다는 소문이 널리 퍼져 있었다. 그해 라틴아메리카 및 카리브해 지역 주교 회의CELAM는 제5차 주요 총회를 앞두고 있었다. 프란치스코 교황의 첫 번째 전기인《위대한 개혁가The Great Reformer》의 저자 오스틴 아이버레이에 따르면, 베르고글리오는 총회 개막 전에 이렇게 말했다. "세계 가톨릭 신자의 절반을 차지하는 이 대륙이 '보편 교회를 위해 봉사할 때'가 됐습니다."[25]

약 3주간 200여 명의 주교들이 브라질 아파레시다에 모여, 글로벌 사우스가 직면한 도전 과제들과 이에 대해 교회가 어떻게 대응해야 할지를 진지하게 논의했다. 그들이 대면하고 있는 장애물은 결코 가볍지 않았다. 이는 극심한 빈곤과 소득의 불평등, 개신교 확산에 따른 신자 이탈, 그리고 교회가 방향을 잃고 방황하고 있다는 전반적인 인식을 포함하고 있었다. 이 회의를 준비하며 라틴아메리카 교회는 하향식 top-down 접근 방식에 의존하는 대신 광범위한 경청의 과정을 시도했다. 그 목적은 성당에 나오는 신자들뿐 아니라 교회를 떠난 이들의 현실적인 목소리까지 포착하는 데 있었다. 이러한 경청과 참여 중심의 준비 과정은 주교들의 논의 의제 결정에 실질적 기여를 했으며, 덕분에 논의의 뿌리가 구체적인 현실 안에 놓이게 됐다. 아이버레이는 이 과정을 다음과 같이 묘사했다. "아파레시다 총회는 로마의 시노드가 어떤 모습이 될지를 미리 보여준 사례였다."[26]

베르고글리오 추기경은 2007년 아파레시다 총회의 초점이 반드시 그리스도와 가난한 이들에게 맞춰져야 한다고 강력히 주장했다. 그는 제2차 바티칸 공의회가 강조한 '하느님 백성의 신학 Theology of the People of God'[10]을 깊이 이해하고 있었으며, 그에 따라 아파레시다 총회 이후 발표된 문헌은 교회의 사명이 복음 선포, 즉 선교에 있다

---

10 제2차 바티칸 공의회 이후 부각된 교회론적 개념으로, 교회를 성직자 중심의 위계적 구조로 보기보다는 모든 세례받은 신자가 포함된 '하느님의 백성'으로 이해하려는 시도다.

고 정의했다. 문헌은 시장경제에 의해 조장된 개인주의와 탐욕이 사회 전반에 만연하며 가정과 공동체, 그리고 환경을 파괴하고 있음을 밝혔다. 또한 이에 대해 교회는 예언자적 방식으로 응답해야 하며 특히 고통받는 이들, 그중에서도 가난한 이들과 함께 서야 한다고 선언했다. 문헌은 이렇게 말했다. "그리스도와 관련된 모든 것은 가난한 이들과 관련되어 있으며, 가난한 이들과 연결된 모든 것은 예수 그리스도를 향해 울부짖는다. '너희가 내 형제들인 이 가장 작은 이들 가운데 한 사람에게 해준 것이 바로 나에게 해준 것이다.'"[27] 아파레시다에 모인 주교들은 새로운 비전을 창조하고자 했던 것이 아니었다. 그들은 자신들의 뿌리로 돌아가고 있었고, 그것은 곧 제2차 바티칸 공의회의 정신을 근간으로 하고 있었다.

 1965년 11월 16일, 제2차 바티칸 공의회에 참여한 주교들 가운데 라틴아메리카 출신 주교들이 다수 포함된 42명의 주교들이 자발적으로 로마 외곽에 위치한 도미틸라 카타콤베$^{\text{Catacombe Di Domitilla}}$[11]에 모였다. 이들은 밤늦게 조용히 그곳에 모여 특별한 만남을 가졌다. 이 장소는 매우 상징적인 의미를 지닌 곳이었다. 성 베드로와 성 바오로의 유해가 훼손을 피하기 위해 숨겨졌던 장소 근

---

[11] 로마에 있는 가장 크고 오래된 초기 그리스도교 지하 묘지 중 하나로 순교자, 공동체 신앙, 하느님 백성의 정체성을 상징하는 중요한 성지다.

처에 위치한 곳이며, 초기 교회의 그리스도인들이 묻힌 수 킬로미터에 이르는 지하 무덤이 있는 곳이었다. 카타콤베 매장지에서 이뤄진 장례는 모든 사회경제적 계층의 그리스도인들이 함께 묻히는 평등주의적 방식에 따라 이뤄졌다는 점에서, 그곳은 초대 교회의 공동체 정신과 신앙의 평등성을 상징하는 곳이기도 했다.

미사가 끝난 후 42명의 주교들은 카타콤베의 제대 앞으로 나아가 한 사람씩 서명하며, 공의회의 정신을 자신의 삶과 사목 안에서 실천할 것을 다짐하는 서약을 맺었다. 이들은 무엇보다도 스스로 '가난한 이들을 위한 교회'가 되기를 원했다. 그들은 자신들의 직위와 특권을 포기하겠다고 약속했고, 그리스도의 정신에 더욱 충실하겠다고 다짐했으며, 특히 가난한 이들을 위해 봉사하고 그들을 환대하는 교회를 세우겠다는 서약을 했다.[28] 안타깝게도 이 서약은 시간이 흐르면서 서구 교회 안에서 대부분 잊혔다. 그러나 글로벌 사우스에서는 훗날 프란치스코 교황의 사상을 형성하는 데 중요한 역할을 하게 될 교회 지도자들에 의해 계승되어 이에 대한 기억이 지속될 수 있었다. 따라서 베르고글리오가 콘클라베를 앞두고 열린 추기경단 전체 회의에서 4분간 연설하며 이 '카타콤베 서약'의 정신을 되풀이했을 때, 이는 놀라운 일이 아니었다. 또한 그가 교황 선출 며칠 뒤 기자들 앞에서 "가난한 이들을 위한 가난한 교회"를 꿈꾼다고 말한 것 역시 우연한 일이 아니었다.[29]

2023년 10월 시노드 회의의 첫 번째 회기 몇 주 동안, 전 세계에서 모인 400명이 넘는 대의원들이 바티칸을 출발해 아피아 가도 인근에 위치한 성 세바스티아노와 성 칼리스토의 카타콤베로 향했다. 전례에 참여한 모든 대의원들에게 나눠진 예식 책자 뒷부분에는 그동안 잊혔던 '카타콤베 서약'이 수록되어 있었다. 시노드 대의원들이 교회의 초기 발상지라 할 수 있는 카타콤베를 방문한 것은 단지 상징적 행위에만 그치지 않았다. 이는 곧 교회가 다시 태어나기 위해서는 초기 교회가 지녔던 본래의 목적과 우선순위를 회복해야 한다는 사실을 상기시키는 예언적 표지였다. 카타콤베 서약의 표현을 빌리자면, 그것은 바로 백성과 가까이 있고 모두에게 열려 있는 교회였다. "토도스, 토도스, 토도스!"

이 비전은 2007년 아파레시다 총회 이후 발표된 문헌에 명확히 드러나 있으며, 베르고글리오 추기경은 이 문헌의 주요 작성자였다. 이 비전은 훗날 그의 문헌 중 가장 선구적이라 할 수 있는 〈복음의 기쁨〉의 신학적 기초를 이루게 된다. 선교하는 교회에 대한 이상은 프란치스코 교황의 전체 교황직을 이해하고 평가하는 데 있어 핵심적인 명제라 할 수 있다. 이후 그의 뒤를 이을 교회을 선출하는 투표의 순간이 다가왔을 때, 추기경들의 표심에는 프란치스코 교황이 추구했던 목표와 방향성에 대한 일종의 국민투표적 성격이 깔려 있었다. 즉, 그들은 차기 교황을 뽑는 동시에 프란치스코 교황의 유산을 어떻게 이어갈 것인가에 대한 판단을 함께 내리고 있었던 것이다.

무관심의 세계화에 맞서

공식적으로 프란치스코 교황은 2013년 3월 13일에 선출됐지만, 어떤 면에서 그의 교황직은 같은 해 7월 8일에 진정으로 시작됐다고 볼 수 있다. 그날 아침 프란치스코 교황은 선출 이후 처음으로 바티칸이 아닌 다른 지역을 향해 떠났다. 그의 목적지는 이탈리아이긴 하지만 지리적으로는 튀니지에 더 가까운 작은 섬, 람페두사였다. 그전까지는 이곳을 아는 이들이 많지 않았지만, 이날 이후 람페두사라는 이름은 프란치스코 교황을 상징하는 장소가 됐다.

 교황이 람페두사를 방문한 것은 그가 교황으로 선출된 이후 몇 주 동안, 북아프리카에서 출발한 이주민들을 태운 선박들이 지중해에서 전복되고 있다는 보도를 계속해서 접했기 때문이었다. 사망자가 급격히 늘어나자 그는 이 문제에 무언가 행동으로 응답해야겠다는 결심을 굳혔다. 처음에 바티칸의 관계자들은 람페두사 방문을 계획하는 데 몇 달 혹은 반년이 걸릴 수도 있다고 교황에게 보고했다. 하지만 교황이 직접 이 일정을 주도하려고 나서자 비로소 관계자들이 협조하기 시작했다. 결과적으로 교황은 람페두사를 방문하게 됐고 그가 머문 시간은 반나절이 채 되지 않았다. 하지만 이 짧은 방문은 세상에 명확한 메시지를 전했다. 곧 박해를 피해 더 나은 삶을 찾아 떠나는 이주민들과 난민들의 고통을 교회 전체가 외면해서는 안 된다는 것이었다. 프란치스코 교황은 이주민들의 경험에 깊이 공감하고 있었으며 이는 단순히 사목적 연민에만 머무는 것이 아니었다. 그 역시 이주민의 아들로, 그의 가족은 이탈리아에서 아르헨티나로 이주하던 중 대서양에서 배가 침몰할 뻔한 위기를 가까스로 넘겼던 경험이 있었기 때문이다.

프란치스코 교황은 람페두사에 도착해, 난민선을 개조해 만든 제대 위에서 참회 미사를 집전했다. 바다를 건너 더 나은 미래를 찾으려다 생명을 잃은 이들을 위한 애도의 미사였다. 그는 유럽 해안에 시신들이 떠밀려 오는 비극적인 현실 앞에서도, 세상이 여전히 "안락함의 문화"에 젖어 있다는 사실에 깊이 괴로워했다. 교황은 이러한 문화가 "우리로 하여금 자신만을 생각하게 만들고, 타인의 울부짖음에는 무감각하게 만든다"고 지적했다. 또한 이어서 "우리는 '세계화된 세상'에서 '세계화된 무관심'으로 타락했습니다. 우리는 이제 타인의 고통에 너무 익숙해져버렸습니다. 나에게 영향을 주지 않는다면 아무 상관없는 일이며, 내 일이 아니라고 생각하는 것입니다"[30]라며 개탄했다. 프란치스코 교황은 자신의 활동이 이미 세계 언론의 주목을 받고 있다는 사실을 잘 알고 있었다. 그는 이 전 지구적 플랫폼의 힘을 적극적으로 활용해, 사람들이 너무나도 쉽게 외면해온 현실을 세상이 주목하도록 힘썼다.

"우리의 무관심에 슬퍼하는 은총을 주시기를 주님께 청합시다. 이 세상의 잔혹함에, 우리 마음의 냉혹함에, 그리고 이와 같은 비극적 상황을 불러오는 사회적·경제적 결정을 용납하는 익명성의 야만에 슬퍼하는 은총을 주시기를 주님께 청합시다." 그는 이렇게 기도했다. "누가 이들을 위해 울고 있습니까? 여기 형제자매들의 죽음에 누가 애통해하고 있습니까?"[31]

람페두사를 떠나기 전, 프란치스코 교황은 지중해 바다에 화환을 던져 목숨을 잃은 난민들을 추모했다. 교황은 그들의 생명이 비록 이 세상에서 사라졌지만 그 기억은 축복이 될 것이며, 자신에게 주어진 교황직의 영향력을 통해 그들이 잊히지 않도록 하겠다는 뜻을 분명히 했다. 이후의 국제 순방들 또한 교황직의 공적 발언권을 최대한 활용하는 방식으로 이어졌다. 2016년 4월 그리스 레스보스에 하루 방문한 것은 그러한 상징적 행보 중 하나였다. 당시 이 섬은 중동 전역에서 폭력을 피해 탈출한 수십만 명의 난민들이 거쳐 가는 주요 관문이었다. 프란치스코 교황은 인도주의적 행동의 일환으로 어린이 여섯 명을 포함한 시리아 난민 12명을 전용기에 태워 로마에서 새로운 삶을 시작할 수 있도록 했다. 그는 레스보스에서 이렇게 말했다. "우리는 이 심각한 인도주의적 위기에 대해 세계의 관심을 촉구하고, 해결을 호소하기 위해 왔습니다."[32]

수년이 흐른 뒤에도 프란치스코 교황은 여전히 충고의 목소리를 멈추지 않았다. 2021년 12월 그는 키프로스의 작은 본당을 방문해 아프리카와 중동 출신 난민들의 직접적인 증언을 들었다. 교황은 점점 감정이 북받치는 모습을 보였다. 교황은 "여러분을 보면 고통받는 사람들의 얼굴이 보입니다"라고 말하며 그들의 경험을 "노예제도의 이야기, 무엇보다 보편적인 노예제도의 이야기"라고 묘사했다. 이어서 그는 스탈린 시대와 나치 독일 시절의 강제수용소를 언급하며 다음과 같이 경고했다. "우리는 '어떻게 그런 일이 가능했는가?'라고 되묻지만, 지금 이 순간에도 그와 같은 일이 우리의 형제자매들에게, 바로 가까운 해안에서 벌어지고 있습니다."[33] 같은 순방 일정 중 교황은 고국으로 돌아갈 수 없고 유럽으로도 들어올 수 없어 여전히 레스보스에 머물고 있는 난민들을 만나고자 다시 한번 그곳으로 발걸음을 옮겼다. 그는 세상이 이주민들을 '냉소적인 무관심'으로 대하고 있다고 깊이 탄식하며 세계 지도자들을 향해 간곡히 호소했다. "현실을 외면하지 마십시오. 책임을 끝없이 전가하지 마십시오. 이주민 문제를 아무에게도 중요하지 않은 일인 양, 단지 누군가가 떠맡아야 할 무의미한 집처럼 취급하지 마십시오."[34]

　　재위 10년이 지난 시점에도 프란치스코 교황은 계속해서 자신의 메시지를 전 세계에 전했다. 때로는 이리저리 바삐 움직이는 현대인들을 향해 '세계화된 무관심'에 대해 외치는 그의 목소리가 공허한 외침처럼 들릴 때도 있었다. 그에게 깊은 울림을 주었던 만남 중 하나는 아프리카에서 잊힌 수많은 전쟁 중 하나에 의해 강제 이주된 약 500만 명 난민들의 목소리가 울려 퍼지던 순간이었다. 2023년 2월 프란치스코는 콩고 민주공화국의 수도 킨샤사의 조촐한 방에 앉아, 르완다와 접경한 동부 국경 지역에서 수년째 계속되고 있는 유혈 분쟁의 피해자들의 이야기를 들었다. 한 시간 동안 교황은 그들의 참혹한 삶, 세상에서 잊혔던 삶에 대한 증언을 쉼 없이 듣고 또 들었다. 부템보 베니 출신의 16세 소년 라디슬라스 캄발레 콤비는 무장 반군이 아버지를 벌목용 칼로 죽이고 어머니를 납치하는 장면을 눈앞에서 목격한 뒤 세 명의 동생과 함께 한순간에 고아가 된 사연을 이야기했다. 17세의 비주 마쿰비 카말라는 거의 2년간 하루에도 몇 번씩 강간을 당한 끝에 쌍둥이 딸을 출산한 경험을 나누었다. 부고베 출신 16세의 에멜다 음카룽굴루는 포로로 잡힌 남성들의 시신을 억지로 먹도록 강요받은 기억을 털어놓았다.[35] 당시 이 자리에 나와 함께 있던 기자들을 둘러보니, 평소 철벽같은 자세로 감정을 드러내지 않던 동료들 중에서도 눈물을 흘리지 않는 사람이 없었다. 이런 이야기들이 저녁 뉴스의 헤드라인을 장식하지는 못했지만, 프란치스코 교황은 당시 80대 후반의 고령으로 휠체어에 의지하는 몸이었음에도 아프리카의 고된 여정을 감수하며, 고통받는 이들의 상처를 어루만지고 그들이 결코 잊히지 않았음을 알려주고자 최선을 다했다.

    2019년에 바티칸을 찾은 방문객들은 성 베드로 광장에 새로운 조형물이 세워지고 있는 광경에 적잖이 놀랐을 것이다. 그리스도교의 가장 상징적인 장소 중 하나인 성 베드로 광장에 새로운 조각상이 설치되는 것은 무려 400여 년 전 바로크 시대 이탈리아의 천재 건축가 겸 조각가 베르니니의 작품 이후 처음 있는 일이었다. 이 조각은 캐나다 출신의 예술가 티머시 슈말츠Timothy Schmalz가 설계한 작품으로 유대인, 난민, 원주민, 공산주의를 피해 탈출한 사람들 등 시대와 배경을 초월한 150여 명의 다양한 이주민들을 청동으로 형상화하고 있었다. 이 작품은 "손님 접대를 소홀히 하지 마십시오. 손님 접대를 하다가 어떤 이들은 모르는 사이에 천사들을 접대하기도 했습니다"(히브 13,2)라는 성경 구절에서 영감을 얻어 제작됐다. 프란치스코 교황은 이 작품의 제목인 〈뜻밖의 천사들Angels Unawares〉[12]에 대해 이렇게 설명했다. "저는 이 조각품

---

[12] 이민자와 난민의 삶과 같은 가난하고 소외된 이들 사이에 하느님의 얼굴이 드러난다는 메시지를 담고 있다. 이 무리 속 중앙에는 그들 사이에 존재하는 성스러운 존재

이 모든 이에게 '환대'라는 복음적 과제를 상기시키기를 원합니다."[36] 이것은 프란치스코 교황이 자신의 교황직 전체를 통해 확고히 세웠던 의지에 관한 것이었다.

공동의 집을 돌보는 일

2015년 9월 프란치스코 교황이 교황으로서는 최초로 미국 의회에서 연설하기 일주일 전, 보수 진영에서 영향력 있는 칼럼니스트 조지 윌George Will은 〈워싱턴 포스트〉 지면을 통해 교황의 환경 보호 캠페인을 강하게 비판했다. 윌은 다음과 같이 썼다. "교황은 마치 광신적으로 개종한 사람처럼 무분별한 열정을 보이며, 겉보기엔 유행에 맞는 듯하지만 실상은 사실과 전혀 다른, 매우 반동적인 생각들을 받아들이고 있다."[37] 그가 문제 삼은 것은 프란치스코 교황의 회칙 〈찬미받으소서Laudato Si'〉에서 가톨릭교회가 기후 변화에 대한 과학적 합의를 수용한다고 밝힌 부분이었다. 회칙이란 교황이 공식적인 교리를 전달하는 문서의 한 형태이므로 기후 위기에 대한 교회의 견해가 더욱 특별한 의미로 선포된 것이다. 사실 이것이 갑작스러운 일은 아니었다. 교회의 이러한 입장은 이미

를 암시하듯 천사의 날개가 눈에 띄게 튀어나와 있다.

2007년 아파레시다 문서나 베네딕토 16세 교황의 여러 저술 안에서도 찾아볼 수 있었으며, 프란치스코 교황은 이미 '녹색 교황'이라는 별칭으로 불리고 있었다. 하지만 프란치스코 교황의 이 회칙은 그의 교황직에 대한 미국 교회 내 분열을 촉발한 초기 쟁점 중 하나가 됐다.

이 회칙은 그리스도교 사상을 다루는 주요 보수 저널인 〈퍼스트 싱스First Things〉에서 혹독하게 비판받았다. 잘 알려진 가톨릭 공화당 정치인들 역시 이 회칙을 비난하며, 교황은 과학적 논쟁에 관여하지 말아야 한다고 주장했다.[38] 2024년 미국 주교들과 가톨릭 신학자들이 참석한 한 회의에서 미국 가톨릭계의 한 영향력 있는 인사는 이 당시를 "미국 교회 역사의 하나의 전환점"이라고 묘사했다. 그만큼 이는 공적으로 활동하는 저명한 보수 가톨릭 신자들로부터 전례 없는 반발을 촉발한 사건이었다. 또한 더 중요한 것은 이를 계기로 이제는 교황에 대한 공개적 비판이 일종의 '허용된 담론'이 됐다는 사실이었다.[39]

하지만 국제 무대에서 프란치스코 교황은 온실가스 배출과 지구온난화에 맞서기 위해 각국 정부와 비정부기구들이 협력하도록 호소하며 중요한 세계적 지도자로 빠르게 자리매김했다. 교황으로 선출된 직후 그는 신학적이면서도 사목적인 성격을 지닌 환경에 관한 주요 문서를 발표할 것이라 예고했으며, 이에 저명한 과학자들의 지원을 받아 초안이 작성됐다. 회칙 〈찬미받으소서〉의 발표 시점은 2015년 유엔기후변화협약 당사국총회(COP21)에 결정적인 영향을 미치도록 의도된 것이었다. 교황은 이 국제회의에서 온실가스 감축과 지구온난화 억제를 위한 합의가 도출되기를 원했다. 그 결과 이 역사적인 회의는 흔히 '파리협정'으로 알려진 새로운 기후 변화 대응 협약으로 이어졌고, 전 세계 모든 국가는 자국의 온실가스 배출량을 줄이기로 약속했다. 파리협정을 이끈 유엔기후변화협약(UNFCCC)의 사무총장이었던 크리스티아나 피게레스(Christiana Figueres)는 훗날 이렇게 말했다. "교황의 목소리는 세계에서 가장 강력한 목소리 중 하나, 아니 그중에서도 가장 강력한 목소리였다는 데 의심의 여지가 없습니다."[40]

그 후 몇 년 동안 각국 정상들이 바티칸을 방문할 때마다 프란치스코 교황은 그들에게 파리협정 사본을 건네며 꼭 읽어볼 것을 당부했다. 미국의 버락 오바마 대통령은 자신이 이것을 읽었다는 사실을 자랑스럽게 언급하기도 했다. 기후 위기가 악화되는 가운데 2021년 교황은 세계 종교 지도자들을 바티칸에 초청해 전례 없는 회합을 주최하며, 스코틀랜드 글래스고에서 열릴 제26차 유엔기후변화협약 당사국총회(COP26)에 대한 종교계의 지지를 촉구했다.[41] 더 많은 공감과 실질적 변화를 끌어내기 위해 교황은 석유·가스업계의 경영진들을 바티칸으로 초청해 청정에너지와 재생 가능 자원으로 전환해야 할 필요성에 대해 논의하고 "시간이 얼마 남지 않았다"고 간청하기도 했다.[42] 또한 비록 폐렴으로 참석하지 못했지만 2023년 두바이에서 열린 제28차 당사국총회(COP28)를 앞두고는 〈찬미받으소서〉의 후속 교황 권고[13]인 〈하느님을 찬양하여라 Laudate Deum〉를 발표했다. 이 문서에서 교황은 특히 미국을 포함한 서방 국가들의 "무책임한 생활 방식"을 강하게 비판하며, 그것이 지구에 돌이킬 수 없는 피해를 초래하고 있다고 경고했다.[43] 또한 지구의 상태를 성찰함과 동시에 "우리의 대응은 충분하지 않았다"고 단호하게 지적하며 분명한 좌절감을 드러냈다.[44]

한편 교회 내에서는 프란치스코 교황의 전 세계를 아우르는 시노드 여정이 환경 보호를 위한 행동에 동력을 불러일으켰다. 오세아니아 지역 각국의 교회 지도자들은 기후 변화가 자국민들에게는 문자 그대로 '생사가 달려 있는' 문제라고 경고했고, 이러한 우려는 전 세계 남반구에 널리 공유됐다. 미국 내에서는 기후 변화에 대한 논쟁이 여전히 깊은 정치적 양극화를 낳고 있지만, 놀랍게도 진보적 성향의 신자들과 전통주의 신자들을 하나로 단결하게 만드는 역할을 하기도 했다. 변화하는 기후가 모든 이에게 영향을 미치며, 그에 대한 대응은 전 세계적이어야 한다는 공통

---

13 교황의 문헌은 회칙, 교황 교서(서한), 교황 권고, 담화 등 여러 등급으로 나뉜다. 이 순서에 따라서 구속력 혹은 등급이 구별된다.

된 인식 때문이었다. 프란치스코 교황 재위하에서 이제 환경 문제는 '생명을 위한pro-life' 사안으로 격상됐다. 그럼에도 불구하고, 특히 영미권 국가를 중심으로 프란치스코 교황의 의제에 공개적으로 반감을 드러낸 북반구 지역에서는 이러한 새로운 움직임이 쉽게 받아들여지지 않았다.[45]

프란치스코 교황과 가톨릭 문화 전쟁

취임 6개월 만에 이뤄진 프란치스코 교황의 첫 공식 인터뷰가 전 세계 언론의 헤드라인을 장식했다. 많은 이들이 "호르헤 마리오 베르고글리오는 누구입니까?"라는 질문에 대한 그의 솔직한 답변에 감동을 받았다. 그는 이렇게 답했다. "저는 죄인입니다."[46] 하지만 무엇보다 이 인터뷰에서 미국 내 보수적이며 전통주의적인 가톨릭 신자들에게 충격을 준 것은 "교회가 낙태, 동성혼, 피임 문제에만 집착해서는 안 됩니다"라는 그의 입장이었다.

프란치스코 교황은 이렇게 덧붙였다. "이러한 문제들을 이야기할 때 우리는 맥락 속에서 말해야 합니다."[47] 일각에서 제기된 우려나 기대와는 달리, 사실 그는 오랜 가톨릭 교리를 뒤엎는 데는 거의 관심이 없었다. 그는 오히려 교회가 당면한 여러 가지 과제 가운데 성 윤리만이 유일하게 중요한 것이 아님을 분명히 하고자 했던 것이다. 다시 말해 그는 낙태 문제든 이민 문제든 인간 존엄성에 대한 세상의 위협을 교회가 어떻게 바라보는지를 다시금 알리고자 했으며, 동시에 '사목 신학'에 대한 더 깊은 감각을 회복시키는 일을 우선시하고자 했다. 이는 곧 복음을 실제 사람들의 삶에 어떻게 적용할 것인가에 대한 문제였다.

이러한 변화는 미국 교회뿐만 아니라 그 밖의 영어권 교회들에게도 놀라운 일이었다. 수년간 미국 주교단은 윤리적 질서를 바로 세우는 데에 입각해 세상에 대한 교회의 접근 방식을 세워왔으며 현재까지도 그러한 기조를 유지하고 있다. 실제로 2019년 미국 주교단 총회에서는 낙태 반대를 교회의 "가장 중요한 우선순위"라고 명시하기도 했다.[48] 그러나 프란치스코 교황에게서 나오는 언어는 이러한 기조와 전혀 달랐다. 그는 교회가 "자비의 약"을 찾는 이들에게 이를 제공하는 "야전병원"이 되어야 한다고 선언했다. 2020년 미국 대통령 선거 당시 낙태권을 지지한 정치인들, 특히 미국 역사상 두 번째 가톨릭 대통령이 된 조 바이든에게 영성체를 금지하는 내용의 선언문을 미국 주교단이 고려하던 상황에서, 프란치스코 교황은 이러한 극단적인 조치에 대한 경계심을 드러냈다. 그는 특히 자신이 누구에게도 영성체를 거부한 적이 없다고 강조했다.[49]

이러한 균열은 교황 재위 초기부터 명확히 드러났다. 특히 보수적인 입장을 지닌 이들은 프란치스코 교황에 대해 거의 알지 못하던 시기, 그가 보여준 몇몇 사안들만으로도 불안감을 감추지 못했다. 그는 예수회 출신이었고 가톨릭의 정통 교리에 충실하다고 자부하던 이들에게 예수회는 오랫동안 의심의 눈초리를 받아왔다. 신앙의 진리를 수호해야 할 교황직을 이런 인물이 맡는다는 사실 자체가 우려를 자아냈다. 또 하나의 약점은 프란치스코가 글로벌 사우스 출신이라는 점이었다. 이 지역은 자유시장경제에 대한 회의적 시선이 강하게 자리 잡혀 있었다.[50] 요한 바오로 2세 교황의 재임 시절 조지 와이글George Weigel, 리처드 존 뉴하우스 신부, 마이클 노백Michael Novak 등 영향력 있는 가톨릭 인사들은 그리스도교 신앙에 있어서도 자본주의를 자연스러운 하나의 흐름으로 받아들였고 대부분의 미국 주교들은 이에 기꺼이 동의했다. 그러나 프란치스코 교황은 〈복음의 기쁨〉에서 새로운 질문을 던졌다. "노숙자가 추위로 죽는 것은 뉴스가 되지 않는데, 주식시장이 두 포인트 하락하면 뉴스가 되는 이유가 무엇입니까?" 그는 거침없이 덧붙였다. "이런 경제는 사람을 죽입니다."[51] 이러한 선언은 미국의 영향력 있는 부유한 가톨릭 후원자 계층을 충격에 빠뜨렸다.

교황의 첫 번째 인터뷰 이후, 〈퍼스트 싱스〉의 편집장 레노R. R. Reno는 〈우리의 예수회 교황〉이라는 제목의 칼럼을 발표했다. 그는 이 글에서 "우리는 무조건 항복할 것을 강요하는 세속 문화에 직면해 있다"[52]고 경고하며, 교회가 낙태와 같은 민감한 성 윤리 문제에 대해 덜 이야기해야 한다는 교황의 제안은 선택 사항이 될 수 없다고 주장했다. 또한 교황이 교회가 주변부를 바라보고 세상과 새로운 방식으로 소통해야 한다고 제안한 것에 대해서는, 단지 진보적인 언어를 인용한 것일 뿐이며 교회의 가르침을 바꾸기를 바라는 이들의 목소리를 반영한 것에 지나지 않는다고 평가했다.

2014년과 2015년으로 시계를 돌려보면, 교황은 가정을 주제로 두 차례의 시노드를 열었다. 이 시노드들에서 일부 발언자는 동성 간의 관계에도 선함이 있을 수 있다고 언급했고, 또 다른 이들은 특정한 조건 아래에서 이혼 후 재혼한 가톨릭 신자들도 자비의 약인 성체를 영할 수 있어야 한다고 주장했다. 한편 이에 대해 13명의 추기경들은 프란치스코 교황에게 서한을 보내, 가톨릭교회가 '사목적 접근'이라는 명목으로 "그리스도교 신앙과 교리 실천의 핵심 요소들을 포기한 개신교 교회들을 모방하게 될 것"[53]이라고 경고했다.

공개적인 전쟁이 시작됐다.

프란치스코 교황의 12년에 걸친 재위 기간 동안 이러한 긴장 관계는 견고하게 유지됐다. 주로 영어권 출신의 추기경들과 주교들이 교황의 개혁 의제에 반복적으로 의심을 제기했다. 2023년 교황의 미국 대사 크리스토프 피에르 Christophe Pierre 추기경은 미국 주교들과 프란치스코 교황 사이의 긴장을 어떻게 평가하느냐는 질문을 받았을 때 단호하게 답했다. "저는 많은 주교들이 아파레시다에서 무슨 일이 있었는지를 전혀 몰랐다는 사실에 놀랐습니다. 그들은 프란치스코 교황의 첫 문헌인 〈복음의 기쁨〉이 아파레시다에 뿌리를 두고 있다는 사실도 모르고 있었습니다."[54]

피에르 추기경은 아파레시다 회의에 대해 이렇게 설명했다.

"당시 주교들은 교회와 사회가 변했고 과거처럼 문화를 통해 신앙이 전승되지 않으므로, 오늘날의 사회에 맞는 교회를 통해 사람들이 그리스도와 인격적으로 만날 수 있는 새로운 기회와 방식을 제공해야 한다고 말했습니다. 이는 새로운 방식을 요구하는 것이며 사목적 접근 방법의 조정이 필요함을 의미했습니다. 그러나 이는 매우 어려운 일인데, 우리 모두는 기존의 견해나 설교, 조직 방식에 익숙해져 있기 때문입니다."[55]

그러나 미국 교회의 핵심 지역에서는 어떠한 조정도 이루어지지 않고 있으며, 오직 교착 상태만 지속되고 있다.

성직주의

2023년 10월 시노달리타스에 관한 시노드 동안, 프란치스코 교황은 대부분 조용히 앉아 전 세계에서 온 대표들이 개인적인 경험에 대해 이야기하는 것을 경청했다. 그러나 그가 몇 차례 마이크를 잡았을 때, 그의 마음속에 자리 잡고 있던 한 가지 주제가 있었음이 드러났다. 이는 바로 '사제 양성'이라는 주제였다. 시노드 초반 첫 번째 발언에서 교황은 신학교 교육의 방향을 재고해야 할 필요성을 언급했으며, 제2차 바티칸 공의회가 강조한 바와 같이 모든 '하느님 백성'이 교회의 삶에 책임을 지는 구조 속에서 사제직이 봉사직으로 재정립되어야 한다고 강조했다.

시노드의 마지막 기간 동안 교황은 단호한 어조를 숨기지 않았다. 바티칸 언론은 시노드 발언 대부분을 비공개로 유지하는 전통에도 불구하고 이례적으로 교황의 발언 전체를 공개했다. 이 예외적인 조치는 프란치스코 교황이 자신의 발언을 공개해달라고 명시적으로 요청했음을 분명히 보여주었다.

그는 탄식하며 다음과 같이 말했다. "평신도에 대한 성직자의 과도한 권력과 권위는 재앙이며 해악입니다. 그것은 세속적 태도의 한 형태로, 주님의 신부新婦인 교회의 얼굴을 더럽히고 훼손합니다. 그것은 거룩하고 신실한 하느님 백성을 노예로 만듭니다."[56] 프란치스코 교황은 자신의 직무를 일종의 회사나 계급 제도의 일부인 양 생각하며 다른 이들보다 우월한 지위를 갖고 있는 것처럼 여기는 사제들을 꾸짖었다. 그리고 로마의 성직자 의상점에서 전례복을 입어보는 젊은 신학생들에 대해서도 날 선 비판을 하며 그것이 "스캔들"이라고 지적했다.

이런 비판은 프란치스코 교황에게 새삼스러운 것이 아니었다. 즉위 후 얼마 뒤인 2013년 12월, 그는 120여 명의 수도회 장상들과의 공개 대화를 통해 사제 양성, 수도 생활, 성소에 대한 의견을 나누었다. 이 자리에서 교황은 성직주의에 대해 "가장 나쁜 악 중 하나"라고 표현하며 사제 양성에 더 많은 주의를 기울여야 한다고 강조했다. 그는 사제들이 온유한 목자로 양성되어야 한다고 강조하며 "그렇지 않으면 우리는 작은 괴물들을 만들어내게 됩니다. 그리고 그런 작은 괴물들이 하느님 백성을 사목하게 됩니다. 이런 생각을 하면 정말 소름이 끼칩니다."[57]라고 말했다. 사실 그는 교황이 되기 전인 2010년에 출간한 저서에서도 스스로를 사람들의 주인인 것처럼 느끼는 사제들에 대해 경고하며 그런 태도가 성직자 중심 문화를 조장한다고 비판한 바 있었다.[58]

수 세기 동안 바티칸은 성직주의 문화의 진원지였다. 바티칸을 둘러싼 보르고 피오Borgo Pio 거리와 또 다른 주변 거리들에는 맞춤 성직복 전문점들이 줄지어 있다. 점심시간이 되면 야망에 찬 젊은 신학생들과 경험이 풍부한 바티칸 고위 성직자들이 가게에 들러 옷을 고르는 모습을 흔히 볼 수 있다. 역사적으로 바티칸 제도 안에서 교회 내에서의 승진은 후원 체계에 의존해왔다. 즉, 차세대 고위 성직자들은 그들과 유사한 성향을 지닌 상급자들의 비호를 받으며 양성되곤 했다. 이러한 체계에서 충성심은 재능보다 중요하게 여겨졌으며, 봉사 직무는 거의 고려되지 않았다. 로마 교황청에서 근무한 경험이 없고, 보다 성직주의적인 교구 사제 체계가 아닌 수도회(예수회)에서 양성된 이방인 교황 프란치스코는 이러한 구조의 한계를 누구보다도 명확히 알고 있었다.

그리고 그는 그것을 무너뜨리고자 했다.

매년 성탄절이 되면 교황이 바티칸 기구의 장관들과 만나는 전통이 있다. 보통 이 자리에서 교황들은 한 해 동안의 노고에 대해 격려의 말을 전하며 연설을 마무리하고 참석자들에게 영적으로 도움이 될 만한 책을 선물하곤 했다. 그러나 2014년, 프란치스코 교황은 이러한 관례를 과감히 깨뜨렸다. 대신 로마 교황청 내부의 다양한 '질병'들을 하나하나 지적하며 바티칸의 고위 성직자들을 질책했다. 교황은 바티칸 관료들이 자신들이 없어서는 안 될 존재라고 여기며 무소불위의 권력을 행사하는 태도를 문제 삼았다. 또한 이러한 태도는 자아도취적인 문화에서 비롯되고 험담이라는 폭력을 통해 활발해지며 출세주의와 기회주의라는 특징을 갖는다고 지적했다.[59] 이 연설이 끝날 무렵, 성탄절의 훈훈한 분위기는 사라지고 무거운 침묵이 흘렀다. 오랫동안 바티칸을 지켜봐 온 언론인 로버트 미켄스(Robert Mickens)는 이를 두고 "새 교황이 교황청에 성탄절 선물이 아닌 석탄을 주었다"[60]라고 평했다.

미켄스는 또한 이렇게 썼다. "프란치스코 교황과 교황청의 오래된 세력 일부는 가톨릭교회의 정신과 미래를 놓고 공개적으로 대립하고 있다. 이 충돌의 핵심에는 바티칸에서 오랫동안 지배력을 행사해온 성직주의적 사고방식과 궁정 문화에 뿌리를 둔 특권의식과 권리의식이 있다."[61] 이후 몇 해의 성탄절 교황청 연설에서 프란치스코 교황의 어조는 다소 누그러졌지만, 그의 핵심 메시지는 변함이 없었다. 바티칸은 가톨릭교회의 중심에 있는 행정 기관일지언정, 그것이 곧 권력과 혼동되어서는 안 된다는 것이었다. 또한 교황은 바티칸 관료들은 지역 교회에 봉사하기 위해 존재하는 것이지, 군림하기 위해 존재하는 것이 아니라는 점을 강조했다.

그러나 이러한 교황의 발언과 입장은 전 세계 많은 사제들과의 긴장을 오히려 심화시키는 결과를 가져왔다. 프란치스코의 교황 재위 초기부터 말기까지 그가 유독 사제들에게만 비우호적이며 사기를 떨어트린다는 논평들이 넘쳐났으며, 일부는 전면적인 저항을 촉구하기도 했다.[62] 신학적·정치적으로 보다 전통주의적인 성향을 띠는 젊은 사제들과 신학생들이 증가하는 현실에서, 이들이 과연 프란치스코 교황이 제시한 비전들에 대해 얼마나 공감하고 있는지는 불확실하다. 어쨌거나 가톨릭 구조 안에서 사제들이 교황의 '보병' 역할을 맡고 있다는 점을 감안할 때, 이러한 긴장은 기업 조직에 비유하면 감당할 수 없는 수준의 구조적 위기로

이어질 수도 있는 심각한 도전이었다.[63]

2022년 3월, 교황직에 오른 지 거의 10년이 지난 시점에 프란치스코 교황은 새로운 교황령을 발표했다. 〈복음을 선포하여라 Praedicate Evangelium〉라는 제목의 이 문서는 50쪽이 넘는 분량으로, 이로써 30년 만에 교황청 관료 조직의 대대적인 개편이 이루어졌다. 평신도, 특히 여성이 맡을 수 있는 역할이 대폭 확대됐고, 교황청 직책에 엄격한 임기 제한이 도입됐으며, 모든 부서는 복음화라는 중심 목표 아래 재편됐다. 또한 이 문서는 지역 교회와 로마 교회의 공동 사명을 위한 분권화와 "공동책임성 co-responsibility"의 비전을 구체화했다.[64] 교회 권력 구조 내의 성직주의를 제거하는 작업이 교회 교도권의 대헌장 Magna Carta 을 통해, 적어도 이론상으로는 완성된 셈이다.

여성과 LGBTQ+

2016년 프란치스코 교황은 스웨덴에서 로마로 돌아오는 비행기 안에서 여성의 사제 서품 가능성에 대한 기자들의 질문을 받았다. 교황은 이미 이전에도 이 문제에 관해 언급한 바 있었지만, 당시 스웨덴 방문의 주요 목적 중 하나가 루터교와의 관계를 강화하기 위한 것이었고, 그가 방금 만난 루터교 수장이 여성이기 때문이었다. 교황은 이 질문에 대해 직접적으로 대답하는 대신, 요한 바오로 2세 교황이 1994년에 발표한 교서 〈사제 서품Ordinatio Sacerdotalis〉을 인용하며 "교회는 여성을 사제로 서품할 권한이 없다"고 답했다. 이에 한 스웨덴 여성 기자가 "그렇다면 절대로 불가능하다는 말씀이십니까?"라고 재차 묻자, 교황은 "요한 바오로 2세 성인의 말씀을 주의 깊게 읽어보면 그런 의미입니다"[65]라고 응답했다. 그리고 그는 곧이어 "교회는 여성적이며" 여성들이 교회 안에서 권위를 공유하고 있다는 것에 대해 장시간의 연설을 시작했다.

프란치스코 교황의 이러한 발언은 이전 인터뷰의 여운을 담고 있는 것이었다. 당시 교회법상 여성을 추기경에 임명하는 데 명시적인 금지 조항이 없다는 점 때문에, 프란치스코 교황이 여성을 추기경으로 임명할 가능성에 대한 추측이 있었다.[14] 그러나 교황은 그 가능성을 일축하며 이렇게 말했다. "교회 안에서 여성은 존중받아야 하며 '성직자화clericalized'되어서는 안 됩니다. 여성 추기경을 생각하는 자는 오히려 성직주의로부터 자유롭지 못한 사람입니다."[66] 프란치스코 교황에게 교회 내 여성 문제는 성직자 직분

---

14 통상적으로 교회 내에서 추기경직은 주교로 서품된 이들 가운데 수여되지만 이는 관례적 요건일 뿐 절대적인 규정은 아니다. 추기경직이 성품성사를 통해 부여되는 성직이 아니라 교황의 자문과 협력을 위한 특별한 직무로서 교회법적으로 규정되어 있기 때문이다. 실제로 중세 시대 시지스문도 곤차가Sigismondo Gonzaga는 1505년 교황 율리오 2세에 의해 평신도 신분으로 추기경에 임명된 바 있다. 이러한 역사적 사실은 프란치스코 교황이 여성의 교회 내 책임 확대를 강하게 표명하면서 다시 주목을 받았으며, 일각에서는 여성을 추기경에 임명할 가능성을 제기하기도 했다.

과 분리되어야 하는 사안이었다.[15] 그의 주장은 본질적으로 교회 내에서 중요한 역할을 수행하기 위해 반드시 성직자가 될 필요는 없다는 것이었다. 이에 따른 그의 접근 방식은 오랫동안 남성 중심의 기관으로 알려진 제도 안에 여성들의 자리를 마련하는 것이었다. 하지만 그럼에도 불구하고 여성 성직자를 원하는 이들은 이러한 교황의 접근이 불공정하며 정의롭지 않다고 주장했다.

2019년 프란치스코 교황이 소집한 범아마존 지역에 관한 세계주교대의원회의 특별회의Synod of Bishops for the Pan-Amazon region 개막 때 총 185명의 투표권 있는 대의원들이 참가했다. 이들 중에는 사제나 주교로 서품되지 않은 남성 수도자들도 포함되어 있었다. 반면 일부 여성들이 수도회 대표로 초청되긴 했지만, 그들에게는 투표권이 부여되지 않았다. 이에 시노드 개막 며칠 전 수십 명의 여성들이 바티칸 시노드 사무국이 위치한 콘칠리아치오네 대로 앞에 모

---

[15] 가톨릭교회는 오랜 전통과 신학적 이해에 따라 여성에게는 성품성사를 부여하지 않는다. 예수 그리스도가 열두 사도를 모두 남성으로 선택했으며 사도들 또한 자신의 후계자로 남성만을 안수하여 임명했기 때문이다. 교회는 이러한 선택이 우연이 아니라 사제품의 본질과 직접적으로 관련된 의도적인 결정이었다고 이해한다. 일부에서는 여성에게 사제 서품을 허용하지 않는 것이 차별이라고 주장하지만, 가톨릭교회는 사제품을 권위나 지위가 아니라 봉사와 소명에 관한 것으로 보기 때문에 차별로 보지 않는다. 그리고 남성과 여성 모두에게는 각자의 고유한 소명과 역할이 있으며 서로 보완적인 관계에 있다고 가르친다. 이에 따라 교황 요한 바오로 2세는 교서 〈사제 서품〉을 통해 "교회는 여성에게 사제 서품을 수여할 권한이 전혀 없음"을 선언했다. 이러한 가르침은 프란치스코 교황의 입장 안에서도 일관되게 유지됐다.

였다. 이 길은 성 베드로 광장을 향하는 상징적인 도로다. 그들은 이곳에서 팻말을 들고 구호를 외치며 기도하고, 시노드 사무국 문 위에 "가톨릭 여성에게도 투표권을!"이라는 메시지를 빛으로 투사했다.

이 시위에 참여한 여성들 가운데는 헬레나 예페센 슈퓔러 Helena Jeppesen-Spuhler도 있었다. 그녀는 스위스의 평신도 사목자로, 수십 년 동안 스위스 교회의 해외 구호 사업 분야에서 활동해온 인물이었다. 헬레나는 당시 로마를 떠나며 깊은 분노와 동시에 결연한 의지를 품었다. 여성들이 시노드에서 투표권조차 갖지 못한 상황이 부당하다고 여겼기 때문이다. 이후 프란치스코 교황이 다음 시노드를 수년에 걸친 다단계적 과정으로 추진하겠다고 발표했고, 그 과정은 전 세계 각 교구의 견해 경청, 국가별·대륙별 회의, 그리고 로마에서의 두 차례 총회로 계획되어 있었다. 그녀는 이 과정 전반에 초대되어 모든 단계에 헌신적으로 참여하며, 교회는 변화해야 하고 또한 변화할 수 있다는 확신을 품었다. 그리고 마침내 로마 총회가 개막했을 때, 헬레나는 더 이상 시노드 사무국 문 밖에 서 있지 않았다. 그녀는 이제 유럽 대표 평신도 대의원으로서 회의장 안에 자리하고 있었으며, 교회 역사상 처음으로 투표권을 부여받은 54명의 여성들 중 한 명이 되어 있었다.

시노드가 마무리될 무렵, 나와 동료 기자 조슈아 맥엘위Joshua

McElwee는 팟캐스트 〈더 바티칸 브리핑 The Vatican Briefing〉에서 헬레나와 만날 수 있었다. 인터뷰에서 그녀는 2019년에는 거리에서 항의하던 자신이 불과 4년 뒤인 2023년에는 시노드 회의장 안에 앉아 있었다는 사실에 대해 다음과 같이 회고했다. "시노드 사무국의 문이 모두에게 열렸고, 우리는 그곳에 들어가 우리 문제를 논의할 수 있었습니다. 이것은 저에게 상징적인 일이었습니다. 가톨릭교회 안에서 여성들을 위한 문을 더 많이 열어갑시다."[67]

프란치스코 교황은 가톨릭 역사상 처음으로 교황청 부서의 책임자로 여성을 임명한 교황으로 기억될 것이다. 또 다른 역사적인 조치로, 그는 주교 후보를 교황에게 자문하는 기구에 세 명의 여성 위원을 추가했다. 이뿐만 아니라, 세계 주교 시노드에 여성들이 참여하여 발언하고 투표할 수 있도록 허용했다. 하지만 이러한 변화는 로마 내부에서만 체감할 수 있는 변화였고, 이후 대부분의 가톨릭 신자들이 체감할 수 있는 더욱 실질적인 변화가 일어났다. 2021년 여성들이 복사, 독서[16], 교리교사 등의 직무에 공식적으로 임명될 수 있도록 교회법이 개정된 것이다.[17] 프란치스코

---

[16] 전례에서 성경 말씀을 선포하도록 임명된 평신도 봉사자를 뜻한다.

[17] 프란치스코 교황은 2021년 1월 11일 자의교서 〈주님의 성령 Spiritus Domini〉을 발표하고 교회법 230조 1항을 수정했다. 이 항목의 '남성 평신도'를 '평신도'로 수정함으로써 그동안 남성 평신도에게 한정되어 있던 독서직과 시종직의 수여를 여성 평신도에게도 허용한 것이다. 사실 한국을 포함해 전 세계의 교회에서 이미 수십 년 전부터 여성

교황은 이 조치를 "교리의 발전"이라고 선언했다.[68] 이러한 변화 덕분에 많은 신자들이 미사 중 여성들이 보다 가시적인 역할을 수행하는 모습을 보게 됐으며, 동시에 여성 사도직에 대한 교회 교리가 발전할 가능성을 기대하게 됐다.

2016년과 2020년, 프란치스코 교황은 두 차례에 걸쳐 여성 부제품副祭品[18] 가능성을 다루고자 위원회를 조직했다. 이 조치는 이미 사실상 부제직에 준하는 활동을 하고 있는 여성들의 현실을 교회가 정식으로 인정해주기를 바라는 가톨릭 여성들 사이에 큰 기대를 불러일으켰다.[69] 시노드는 교회 내 지도자 역할에 여성의 참여 확대가 "시급하다"고 진단했지만 프란치스코 교황은 이에 대해 신중한 모습을 보였고 결국 이에 대한 결정은 이뤄지지 않았다. 이러한 교황의 조심스러운 태도는 개혁을 바라는 이들을 당혹스럽게 했고, 동시에 보다 전통적인 입장을 지닌 이들을 안심시키기도 했다. 그러나 LGBTQ+ 문제에 관해 교황은 "제가 감히 어떻게 판단할 수 있겠습니까?"라는 유명한 답변을 통해 교회의 성윤리에 대한 접근 방식에 근본적 변화를 일으켰다. 이 발언 이후

들이 복사(제대 봉사), 독서, 교리교사 등의 역할을 수행해왔음에도 불구하고 이 조치가 중요하다고 평가받는 이유는 '단순한 허용'이 아닌 '제도적 참여'의 의미를 드러내기 때문이다.

18 가톨릭교회에서 성품성사를 통해 수여되는 세 가지 성직 중 하나로, 주교직과 사제직에 앞서 수여되는 첫 단계의 성직 직무다.

10년이 지난 지금도 그 여파는 전 세계 곳곳에서 계속해서 울려 퍼지고 있다.

재위 기간 동안 프란치스코 교황은 공개적으로 동성애자임을 밝힌 저명인들과 교류하며 우정을 쌓았고 그중 한 명[19]을 바티칸 위원회에 임명하기도 했다. 또한 동성 커플을 위한 '시민 공존의 법'[20]을 공개적으로 지지했으며 동성애자가 범죄자가 아니라고 공언한 최초의 교황이었다. 2013년 세계 최고의 LGBTQ+ 잡지는 프란치스코 교황을 올해의 인물로 선정하면서 "오바마 대통령이 LGBT 시민권에 대한 입장 변화를 통해 미국 정치를 변화시켰듯이 교황의 변화는 종교에 지속적인 영향을 미칠 수 있다"고 선언했다.[70]

사실 프란치스코 교황은 젠더 이론과 성전환 수술을 전쟁, 빈곤, 성 착취와 동일한 수준의 '중대한 악grave evil'이라고 선언하는 신앙교리부 Dicasterium pro Doctrina Fidei[21]의 문서를 승인했다. 하지만 그럼에

---

[19] 칠레 출신으로 10대 시절 고국의 사제에게 성학대를 당한 후안 카를로스 크루즈 Juan Carlos Cruz다. 프란치스코 교황은 교황청 미성년자 보호 위원회 Pontifical Commission for the Protection of Minors의 위원으로 그를 임명함으로써 교회 내 미성년자 보호에 대한 확고한 의지를 상징적으로 드러냈다.

[20] 동성애자 개개인의 인간적 존엄성과 법의 보호를 받을 권리를 인정하는 진보적인 조치로 해석되지만 이것이 동성 혼인을 공식적으로 수용한 것은 아니다.

[21] 가톨릭 신앙과 윤리의 가르침을 수호하고 낙태, 안락사, 성 윤리, 성 정체성, 혼인, 사제직 등 주요 쟁점에 대한 교도권의 입장을 공식적으로 표명하는 로마 교황청 소속 부서다. 다루는 사안이 민감하고 중요하므로 전통적으로 교회 내 가장 중요한 교

도 불구하고 교황은 트랜스젠더 그룹을 바티칸으로 초대해 점심 식사를 함께 나누기도 했다. 이러한 만남 중 하나에서 라우라 에스키벨Laura Esquivel은 교황과의 일화를 다음과 같이 소개했다. 그녀가 교황에게 말했다. "저는 파라과이 출신의 트랜스젠더입니다." 이에 프란치스코 교황은 미소를 지으며 이렇게 대답했다. "당신도 하느님의 자녀입니다."[71] 그녀는 교황과 여러 차례 만남을 가지게 됐고, 그에 대해 다음과 같이 말했다. "프란치스코 교황님은 한 번도 저를 비판하거나 제 삶을 바꾸라고 하신 적이 없습니다." 전통주의자들에게는 이 같은 교황의 태도가 가톨릭 교리를 제대로 수호하지 않는 위선적인 행동처럼 보였고, 다른 이들에게는 그가 처음부터 일관되게 강조해온 사목 신학의 실천으로 받아들여졌다. 어쨌거나 프란치스코 교황에게는 항상 사람들이 처한 삶의 현장에서 그들을 만나는 것이 매우 중요했다.[22]

황청 기관 중 하나로 간주돼왔으며 신앙교리부의 문서는 교황의 승인을 통해 발표된다.

22 교황의 이러한 행동이 성전환 수술을 용인하거나 옹호하는 것은 아님을 이해할 필요가 있다. 이와 관련하여 프란치스코 교황은 여러 기회를 통해 성전환 수술이 허용되지 않음을 분명히 해왔다. 그럼에도 불구하고 프란치스코 교황이 성전환자들을 만나고 심지어 성 노동자들과도 식사를 한 것은 어떠한 상황에 처해 있든 모든 인간은 침해할 수 없는 존엄성을 갖고 있기 때문이다. 대표적으로 2022년 프란치스코 교황은 중남미 지역 출신으로 이뤄진 성전환 성 노동자들을 만나기도 했다. 이들이 교황과 연결된 이유는 코로나19 이후 수입이 끊겨 생계 위기에 놓여 있었고 법적으로 인정받을 수 없는 일을 하므로 기본적인 구호 기금이 필요했기 때문이었다. 그 밖에도 교황은 암 치료 중인 트랜스젠더에게 숙소와 의료 지원을 제공하는 관심을 보이기도 했다.

프란치스코 교황의 재위 기간 동안 가장 결정적인 사건은 2023년 12월 교황이 동성 관계에 있는 LGBTQ+ 개인들을 축복하는 것을 허용하는 바티칸 선언문에 최종 서명하면서 벌어졌다.[72] 그 여파는 즉각적이었다.[23] 교황이 직접 임명한 추기경 자문단의 일원이자 아프리카의 가장 저명한 추기경 중 한 명은 즉시 로마로 날아가 교황과 이 문제에 대해 논의했다. 이후 그는 다음과 같은 제목의 성명을 발표했다. "아프리카 교회에서는 동성 커플에 대한 축복은 없다."[73] 동유럽의 가톨릭 지도자들도 비슷한 입장을 취하며 반대 입장을 명확히 했다.[74] 이 결정은 프란치스코 교황 재위 기간 중 가장 대담한 조치 중 하나로, 어떤 이들에게는 그를 용기

---

[23] 교황청 신앙교리부는 축복의 사목적 의미에 관한 선언, 〈간청하는 믿음Fiducia Supplicans〉을 발표함으로써 비정상적 상황에 있는 커플과 동성 커플에 대한 축복을 허용하는 문서를 발표했다. 그러나 이 문서는 분명 교회의 전통 교리, 즉 "객관적 도덕 질서에 따르면 동성애 관계는 본질적이고 필수적인 목적이 결여된 행위"라는 사실을 분명히 하고 있으며 프란치스코 교황 역시 "교회는 혼인에 대해 매우 분명한 생각을 갖고 있다. 혼인은 배타적이고 지속적이며 해소될 수 없는, 한 남자와 한 여자 간의 결합으로 자연히 자녀의 출산을 향해 열려 있다. 오직 이 결합만을 '혼인'이라고 부를 수 있다"라고 선언한 바 있다. 그럼에도 불구하고 동성 커플 축복이 가능하다고 발표한 이유는 교회가 '단순한 축복'을 수여하는 데조차 엄격한 윤리적 조건을 신자들에게 강요한다면 사목적 행위가 지나치게 윤리적인 전제 조건 아래 놓이게 될 위험이 있다고 봤기 때문이다. 비록 동성혼과 동성애 행위를 인정하지 않는 단순한 축복의 의미를 가진다고 할지라도 이 문서는 커다란 논란을 불러일으켰다. 특히 게르하르트 뮐러 추기경은 "하느님은 그분과 직접적으로 반대되는 관계에는 은총을 보내주시지 않으며, 축복을 할 경우 그것을 받는 사람이나 함께 참석하는 이들에게 혼란을 야기할 것이고 하느님이 축복하실 수 없는 것을 축복하셨다고 생각할 것"이라고 강도 높게 비판했다.

있는 영웅으로 보이게 했고, 또 다른 이들에게는 그들의 가장 큰 우려가 현실이 됐다는 확증으로 받아들여졌다.

교황궁의 해체

2023년 교황 선출 10주년을 맞아 진행된 인터뷰에서 프란치스코 교황은 재임 초기에 내린 한 결정을 회상했다. 그것은 여름철마다 교황들이 로마의 무더위를 피해 머물던 전용 별장 카스텔 간돌포에 휴가를 가지 않기로 결심했던 일이었다. 이는 곧 약 400년에 걸쳐 교황들이 여름마다 행했던 전통을 끊는 결정이었다. 당시에는 그다지 주목받지 않았지만, 프란치스코 교황에게 이 결정은 과거와의 단절이라는 상징적인 의미가 담겨 있는 것이었다.

"카스텔 간돌포는 일종의 궁정이었습니다." 프란치스코 교황은 이를 영국 왕실에 비유했다. 즉, 왕실 구성원들이 여름이면 잉글랜드에서 스코틀랜드로 이동했던 전통과 흡사하다는 것이었다. 그러면서 교황직에 대해 그는 이렇게 말했다. "교황청은 유럽의 마지막 절대 군주제적 궁정입니다." 그는 AP통신과의 인터뷰에서 자신의 이상이 "모든 궁정적인 외양을 제거하고 진정한 사목적 봉사의 모습을 회복하는 것"[75]이라고 밝혔다.

교황궁, 곧 교황 군주제의 해체는 많은 이들의 심기를 불편하게 만들었다. 특히 편안한 직위와 화려한 직함, 그리고 그에 따른 특권에 익숙해져 있던 교회 내 귀족들에게는 못마땅한 것이었다. 코로나19 팬데믹이 끝나고 바티칸이 재정 위기와 예산 부족에 직면하자, 프란치스코 교황은 먼저 추기경들의 월급을 삭감하고 바티칸 내 아파트 임대료를 인상했다.[76] 2021년에는 이탈리아 주교들을 향한 연설을 시작하면서 회의 장소로 고급 호텔을 선정한 주교들을 질책하기도 했다.

교황 재위 기간 동안 프란치스코 교황은 때때로 마치 홀로 서 있는 늑대처럼 보였다. 그가 교회를 변화시키려 노력했으며, 개혁에 소극적이고 변화에 보수적인 기관의 방향을 재조정하고 바로잡으려 애썼다는 것은 분명하다. 처음부터 그는 자신의 일정을 직접 관리하고자 했다. 출타 시 가방을 직접 들었고, 서신을 직접 처리했으며, 무엇보다도 바티칸의 게스트하우스에서 다른 사제들 및 직원들과 함께 거주하며 세상과 소통했다. 어려운 임신으로 고통을 겪고 있는 한 미혼모의 사연을 기사로 읽은 후에는 즉시 전화를 걸어 위로를 전하며, 아이가 태어나면 자신이 직접 세례를 주겠다고 약속하기도 했다.[77] 세상과의 소통에 노력을 기울였던 교황의 모습은 또 다른 사례에서도 드러난다. 이스라엘과 팔레스타인의 분쟁으로 가자 지구가 봉쇄된 시기, 교황은 현지의 피란처가 된 성가정성당에 매일 전화를 걸어 피란민들의 안부를 확인했다.[78] 또한 러시아-우크라이나 전쟁이 시작됐을 당시, 그는 전장의 생생한 소식을 듣기 위해 나의 동료 기자에게 정기적으로 전화를 걸어 검열되지 않은 정보를 직접 전달받았다.

이와 같이 한결같았던 프란치스코 교황의 자율적 행동은 관례를 깨는 지도자, 혹은 권위를 스스로 낮추려는 지도자에 익숙하지 않은 교회 제도 전체에 충격을 주었다. 처음 교황으로 선출됐을 때 그는 개혁의 임무를 맡아 선출됐다고 자주 언급되곤 했다. 세상은 그가 교황청을 개혁하고 재정 거래의 투명성을 제고할 것이라고 기대했다. 12년이 지난 지금, 그가 이룬 가장 위대한 개혁은 교회에 대한 세상의 인식 변화, 그리고 권력 중심의 교회에서 사목적 돌봄 중심의 교회로의 패러다임 전환일 것이다.

그러나 한편으로 교황의 자유로움은 의도치 않은 결과를 초래하기도 했다. 선출된 직후 프란치스코 교황이 취한 혁신적인 조치는 전 세계 각 지역을 대표하는 추기경들로 구성된 추기경 자문위원회를 설립한 것이었다. 이 위원회는 교황의 활동에 자문 역할을 하는 목적으로 분기별로 로마에 모일 예정이었으며, 이는 제2차 바티칸 공의회가 지향한 동료애와 권력 분담에 대한 새로운 실현 방식이었다.[79] 그러나 이 자문위원회의 창설은 이미 그 역할을 수행하고 있던 국무원Secretariat of State 관계자들을 격분하게 만들었다. 교황의 방식이 전통적인 구조를 우회하는 방식이었기 때문이다. 시간이 지날수록 교황에게 조언하고 있는 사람이 누구인지를 알 수 없게 됐다. 프란치스코 교황은 사제, 언론인, 평신도에 이르기까지 신뢰할 수 있는 친구들과 조언자들의 사적 네트워크를 선호했으며, 그들과 의견을 나누고 조언을 들었다. 이러한 형식은 공식 직책을 지닌 교황청 인사들에게는 당혹스러운 것이었다. 그러므로 중요한 문제에 대한 교황의 의견에 영향력을 행사하는 사람이 도대체 누구인가에 대해 공식적으로 문제가 제기되곤 했다. 이는 성직자 성 추문 문제, 러시아의 우크라이나 침공 이후의 국제 관계 정책에 대한 문제에서 더욱 두드러졌다.

이상의 프란치스코 교황에 대한 반발은 하나의 단일한 입장이라고 보기는 어렵다. 이는 복합적인 원인에 따라 이뤄졌으며 그 반발은 교회를 운영하는 방식의 차이 혹은 이념의 차이에 의한 것이었다. 그는 사목적 돌봄에 헌신하고 성직주의 문화를 탈피하려는 교회의 비전에 동의하는 이들에게는 대체로 호감을 얻는 데 성공했지만, 이러한 비전은 교회의 관리자층까지는 제대로 설득하지 못했다. 바티칸의 오랜 대변인이자 예수회 신부였던 페데리코 롬바르디 Federico Lombardi는 이러한 프란치스코 교황을 두고 "그는 어느 정도 반反성직주의적 교황입니다"[80]라고 평했다.

이것이 바로 프란치스코 교황을 매력적으로 만들었거나 혹은 그에 대해 거부감이 들게끔 하는 지점이었다.

교황 재위 말기, 프란치스코 교황은 동성 커플 축복에 대한 결정이 불러일으킨 파장에 관해 질문을 받았다. 자신의 교회관에 비판적인 이들의 생각을 잘 알고 있던 그는 그들의 반발을 소수이지만 지나치게 완강한 집단의 문제라고 여겼다. 그리고 이렇게 말했다. "그들을 내버려두고 앞으로 나아가야 합니다. 그리고 미래를 바라봐야 합니다."[81]

프란치스코 교황은 세상을 떠났다. 그리고 열리게 된 콘클라베가 직면한 질문은 결국 이것이었다. 시스티나 성당 천장 아래에 앉아 있는 추기경들이 선종한 교황의 미래에 대한 비전을 지혜로운 것으로 판단하고 있는가? 아니면 그 반대인가?

제2부

세상에서 가장 비밀스러운 선거의 내부

"교황께서 선종하셨습니다. 이제 교황좌는 공석입니다."

이것은 2024년 할리우드의 스릴러 영화 〈콘클라베〉 예고편을 시작하는 문장이다. 영화 속에서 명배우 레이프 파인스, 스탠리 투치, 존 리스고는 신앙과 비밀, 그리고 교황 선출을 둘러싼 정치에서 갈등을 벌이는 추기경들을 연기했다. 이제, 예술이 현실에서도 벌어지려 하고 있었다.

이 영화는 허구였지만, 지구상에서 어떤 국가 원수의 선출보다도 비밀스럽게 진행되는 선거 과정을 세상에 공개했다. 심지어 이 선거를 의미하는 단어도 신비로움을 암시한다. 콘클라베^{conclave}는 문자 그대로 '열쇠와 함께^{cum clavis}'라는 뜻으로, 전통적으로 추기경들이 차기 교황을 선출할 때까지 방에 갇혀 지내는 전통을 반영하고 있는 표현이다.

교황의 선종이나 사임 이후 시작되는 시기를 세데 바칸테^{sede vacante}라고 부르며, 이는 '공석'이라는 뜻이다. 이 기간 동안 전 세계의 추기경들은 바티칸으로 모여 콘클라베에 들어가기 전 일련의

회의 시간을 갖는다. 세계의 이목이 로마에 집중되는 이 중요한 시기에 추기경들은 교회와 세계가 당면한 문제에 대해, 그리고 교회를 이끌 가장 적합한 인물이 누구인지에 대해 자유롭게 논의한다. 또한 이 시간은 전임 교황의 유산에 대해 허심탄회하게 의견을 나누고, 그가 잘한 일과 계승되어야 할 점, 그리고 개선이 필요한 부분에 대해 솔직하게 이야기하는 기회이기도 하다.

영화 〈콘클라베〉에서 스탠리 투치가 연기한 벨리니 추기경은 이렇게 말한다. "정신이 온전한 사람이라면 교황직을 원할 리 없소."

대체로 이 말은 사실이다. 다만 교황 선출의 역사는 더 많은 이야기를 우리에게 들려준다.

교황직과 권력을 둘러싼 싸움

역사학자 제프리 리처즈Jeffrey Richards는 초기 교황 선출에 대해 이렇게 설명한다. "많은 경우 교황 선출 과정에 폭력과 기만, 그리고 대규모 부패가 있었다. 로마 거리에 피가 흘렀고, 권력의 복도에서는 금화가 오갔으며, 서로 다른 파벌이 선전물을 퍼뜨렸고, 야심 찬 인물들은 교황의 죽음 직전 침상 주변에서 음모를 꾸몄다."[82] 현대의 교황 선출에서는 피나 뇌물이 사라졌지만, 콘클라베 전후에 일어나는 과정은 신비로움 속에서 세간의 이목을 사로잡는다.

예수 그리스도 이후 약 천 년 동안 교황은 주로 성직자들과 평신도들에 의해 선출됐다. 이는 당시 세계 대부분의 교구에서 주교가 선출되던 것과 동일한 방식이었다. 가톨릭 전통은 예수가 "너는 베드로다. 내가 이 반석 위에 내 교회를 세울 것이다"(마태 16,18)라고 선언한 사도 베드로를 초대 교황으로 인정한다. 이후 바티칸은 바로 이 성경 말씀대로 베드로 사도의 유해가 묻힌 언덕 위에 세워졌다. 그러나 세월이 흐르면서 교황 선출 과정은 점차 제도화됐고, 1059년에는 교황 선출을 담당하는 추기경단이 설립됐다. 오늘날 교황 선출 방식과 유사한 규칙들이 확립된 것은 13세기로, 심각한 혼란 속에서 치러진 교황 선출 사건 이후에 마련됐다.

때는 1268년, 교황 클레멘스 4세가 세상을 떠난 직후였다. 그의 재위 기간은 단 3년에 불과했지만, 부패 척결을 위한 노력 덕분에 역사에 중요한 인물로 남게 됐다. 추기경단은 곧바로 교황이 선종한 장소인 이탈리아 비테르보에 다음 교황 선출을 위해 모였다. 당시 추기경단은 총 20명으로 구성되어 있었는데, 이는 2025년 콘클라베에 참여 자격을 가진 135명의 추기경들과 비교하면 훨씬 적은 수였다. 그럼에도 불구하고 이들은 곧 한 가지 분명한 현실에 직면했다. 그것은 새 교황을 위한 합의에 도달하는 것이 사실상 불가능하다는 것이었다.

그렇게 1,006일 동안 베드로좌는 공석이었다. 추기경들은 비테르보의 교황궁에 머물며 새 교황을 선출하고자 했지만, 투표는 끝내 교착 상태에 빠지곤 했다. 선거가 2년을 넘어선 시기, 비테르보 시민들은 더 이상 참을 수 없어 스스로 문제를 해결하기로 결정했다. 처음에는 추기경들을 궁 안에 가두고 빵과 물, 그리고 와인만을 제공했다. 이는 추기경들이 신속하게 차기 교황을 결정하도록 하기 위한 조치였다. 그러나 이 방법으로도 결실을 보지 못하자, 결국 궁전의 지붕을 철거해버리는 더욱 극단적인 선택이 이뤄졌다. 추기경들이 햇볕과 비바람을 그대로 맞으며 회의를 계속하도록 만든 것이다.

3년에 가까운 시간 끝에 역사상 가장 긴 교황 선거가 마침내 막을 내리자, 새로 선출된 그레고리오 10세 교황은 교황 선출에 관한 새로운 규정들을 제정할 필요성을 절감했다. 이에 그가 도입한 주요 규범은 추기경들이 선거 기간 동안 함께 격리된 상태로 생활할 것, 투표는 반드시 직접 진행할 것, 선거 과정에서 뇌물 제공 혹은 정치적 활동을 금지하는 것 등이었다. 이러한 규칙들은 교황 선출 과정의 신성성과 공정성을 확보하고자 하는 개혁의 일환이었고 현재 콘클라베의 기반이 됐다.

2025년 4월 21일 교황 프란치스코가 선종하자마자, 전 세계의 추기경들과 기자들은 로마로 향했지만 각자의 목적은 극히 달랐다. 일부 추기경들은 수년 전부터 이 순간을 준비해온 이들이었다. 그들은 바티칸을 정기적으로 방문할 때마다 친분이 있는 추기경들과 다음 콘클라베를 어떻게 이끌지 논의하곤 했다. 한편 세계 각지에서 온 다른 추기경들은 로마에 방문한 경험이 거의 없었고, 이탈리아어를 전혀 하지 못하는 경우도 있었다. 콘클라베의 경험은 이들에게 매우 특별한 경험이 될 것이었다. 우리 '바티카니스티Vaticanisti', 즉 바티칸 전문 기자들은 평생 교황을 취재하며 다음 교황이 누가 될지를 끊임없이 가늠한다. 하지만 이번에 로마로 파견된 외부 기자들 중 일부는 전쟁터나 자연재해 현장을 취재하다가 갑자기 소환되어, 하룻밤 사이에 인류 역사상 가장 오래되고 복잡한 제도 중 하나인 교황 선출 과정의 전문가가 되어야 했다. 그렇게 저마다 다른 배경을 갖고 있는 기자들에게 한 권의 문서가 제공됐다. 바티칸 출판사가 출판한 얇은 소책자로, 검은색과 금색 글씨로 장식된 표지에는 〈주님의 양 떼Universi Dominici Gregis〉라는 제목이 새겨져 있었다.

1996년 교황 요한 바오로 2세가 제정하고, 2013년 교황 베네딕토 16세가 일부 수정한 55쪽 분량의 이 문서는 오늘날 교황 선출 절차의 법적 기준이다. 처음으로 콘클라베에 참여하는 추기경들과 기자들에게 이 문서는 앞으로 며칠 동안 무슨 일이 있을 것인지를 안내하고 예상하게 하는 유일한 지침서였다.

오늘날 추기경이 콘클라베에 참여하기 위해서는 교황이 선종하거나 사임하는 시점에 80세 미만이어야 한다. 콘클라베가 시작되면 추기경들은 시스티나 성당으로 입장하고, 교황청 전례원장은 "엑스트라 옴네스Extra omnes!", 즉 "모두 나가십시오!"라고 외치며 문을 닫는다. 이 순간부터 교황이 선출되기까지 추기경들은 바티칸의 게스트하우스에 격리되며 외부와 완전히 단절된다. 모든 컴퓨터, 휴대전화, 태블릿은 봉인되고 사용이 전면 금지된다. 이후 미켈란젤로의 16세기 프레스코 천장화 아래에서, 하루에 보통 네 차례의 투표가 진행된다. 각 추기경은 교황으로 가장 적합하다고 생각하는 인물의 이름을 적은 뒤, 자신의 선택이 하느님 앞에서 양심에 따른 것임을 선언하며[1] 투표한다. 이들은 〈최후의 심판〉 벽화를 응시하며 투표하는데, 그 속에는 성인들이 천국으로 오르고 죄인들이 지옥으로 떨어지는 심판 장면이 생생하게 묘사되어 있다. 투표가 끝나면 모든 용지는 소각된다. 외부 사람들은

---

[1] "Testor Christum Dominum, qui me iudicaturus est, me eum eligere, quem secundum Deum iudico eligi debere(저의 주님이시며 심판자이신 그리스도님을 증인으로 삼아, 이 표가 하느님 뜻을 헤아려 제가 뽑혀 마땅하다고 생각한 이에게 행사되나이다)."

이 굴뚝에 집중한다. 검은 연기는 아직 교황이 선출되지 않았음을, 하얀 연기는 새 교황이 선출됐음을 의미한다.

교황을 선출하기 위해서는 3분의 2 이상의 득표, 즉 절대다수의 찬성이 필요하다. 이 규정은 단순한 타협이 아닌, 가능한 한 폭넓은 합의에 도달하도록 강제하기 위해 도입된 것이다. 후보자가 이 기준을 충족하고 교황직을 수락하면 바로 그 순간부터 교황의 전권을 부여받는다. 이어 새 교황에게 라틴어로 질문이 주어진다. "당신은 어떤 이름으로 불리기를 원하십니까?$^{Quo\ nomine\ vis\ vocari?}$" 바로 이때 베르고글리오 추기경은 부와 특권을 버린 13세기 성인, 아시시의 프란치스코의 이름을 택한 최초의 교황이 됐다. 이는 선출 직후 한 동료 추기경이 "가난한 이들을 잊지 마십시오"라고 속삭인 말 때문이었다. 이후 새 교황은 곧바로 시스티나 성당 옆의 작은 방으로 이동하는데 이곳에는 대, 중, 소 사이즈로 준비된 흰색 수단이 준비되어 있다. '눈물의 방$^{Stanza\ delle\ Lacrime}$'이라고도 불리는 이곳에서 새 교황은 이제 막중한 책임을 홀로 깊이 받아들이는 시간을 갖는다. 그 후 새 교황은 추기경 한 사람 한 사람과 차례로 인사를 나누고 성 베드로 대성당의 중앙 발코니로 향한다. 교황이 발코니로 나오기 전, 선임 부제급 추기경은 먼저 나가 새로운 교황을 맞이하기 위해 모인 전 세계의 수많은 이들에게 선포한다.

"하베무스 파팜$^{Habemus\ Papam}$(우리에게 교황이 있습니다)."

하지만 이러한 규칙들이 콘클라베를 규정하는 공식 규칙들이라고 해도 교황 선출과 관련된 바티칸 안팎의 비공식적인 규칙들, 혹은 적어도 현지에서 전해져 내려오는 또 다른 규칙들이 존재한다.

1995년에 출간된 책 《더 넥스트 포프 The Next Pope》에서 바티칸 전문 기자 피터 헤블스웨이트 Peter Hebblethwaite는 미래의 콘클라베를 이해하는 데 도움이 될 수 있는 과거의 교훈들을 정리하려 했다. 30년이 지난 지금도 그의 통찰은 여전히 유효하다.

헤블스웨이트의 조언은 간단하다.

- 병든 교황을 선출하지 말라.
- 신학자는 교황으로 뽑지 말라 — 교황이 신학을 다른 이들에게 맡기지 못할 것이다.
- 추기경들이 항상 자신들이 기대한 결과를 얻는 것은 아니다 — 의도를 가지고 누군가를 선출했지만 그가 전혀 다른 방식으로 행동하는 경우가 종종 있다.
- 추기경들이 선종한 교황에 의해 임명됐고 전임 교황을 존경했다고 하더라도 반드시 그와 같은 노선을 따르는 인물을 뽑는 것은 아니다.[83]

오늘날까지도 나이는 교황 선출에서 여전히 주목받는 요소다. 2013년 베네딕토 16세 교황이 자진 사임함으로써 700년 만에 자발적으로 퇴위한 첫 교황이 됐을 때, 그는 자신의 신체적 건강이 교황직을 감당하기 어려울 만큼 악화됐다고 밝혔다. 프란치스코 교황이 선출되던 콘클라베 당시에도 많은 이들은 76세의 베르고글리오 추기경이 너무 고령이라는 이유로 교황이 될 가능성을 낮게 보았다. 그리고 이후 12년간 교황직을 수행할 것이라고 예상한 사람은 거의 없었다. 프란치스코 교황 자신조차도 자신의 재임 기간이 짧을 것이라 자주 언급했기 때문이다.

이와 같은 논쟁은 2025년 콘클라베에서도 격렬하게 일어났다. 추기경들이 과연 너무 젊거나 너무 늙었다는 이유로 특정한 유력 후보들을 배제할 것인가? 요한 바오로 2세 교황의 약 30년에 걸친 긴 재위 기간은 아직도 많은 추기경들에게 깊은 부담으로 기억되고 있었다. 임기 마지막 몇 년 동안 그는 건강이 크게 악화되어 사실상 교황직 수행이 불가능했고, 교황청의 핵심 보좌진들이 교회를 운영했다. 현대 의학의 발전을 고려할 때 50대 후반이나 60대 초반의 젊은 인물에게 종신직인 교황직을 맡기는 것은 앞으로 또다시 한 인물이 25년 이상 재위할 수 있다는 점에서 큰 도박일 수 있었다.

위대한 신학자가 교황이 되는 것은 교회의 위상을 높일 수 있다는 장점이 있다. 신학 분야의 논쟁적인 저술들을 통해 얻은 명성이 전 세계의 강연으로 이어지며 이러한 강연은 다른 교회 지도자들과 교류할 기회를 제공하기 때문이다. 그러나 이러한 신학적 명성이 반드시 뛰어난 리더십으로 이어지는 것은 아니다. 예를 들어 독일의 요제프 라칭거 추기경은 다작의 저술과 뛰어난 학문적 업적으로 찬사를 받았고, 요한 바오로 2세 교황의 교의 담당 신학자로서 최측근 역할을 수행했기에 많은 이들이 그를 자연스러운 후계자로 여겼다. 그가 베네딕토 16세로 즉위했을 때, 교회 내에서 그의 위상을 떠받쳤던 뛰어난 지성 또한 함께 교황직에 깃들었다. 그러나 정작 최고위직에 오르자 그의 지성은 오히려 한계로 드러났다. 그는 종종 차가워 보였고 일반 사람들과의 소통에 어려움을 겪는 듯 보였다. 비유하자면 그는 훌륭한 교수였음이 분명했지만 그가 가르치는 강의실은 비어 있는 듯 보였고, 적어도 학생들이 수업에 적극적으로 참여하지 않는 것처럼 느껴졌다.

    요한 바오로 2세와 베네딕토 16세가 약 40년간 자신들의 최우선 과제와 스타일을 반영하는 인물들로 가톨릭 교계 제도를 재편한 이후, 2013년에도 역시 비슷한 유형의 추기경 중에서 차기 교황이 나올 가능성이 높아 보였다. 그러나 추기경단은 예상과는 다른 인물을 선택했다. 로마에서 일한 적이 없는, 최초의 예수회 출신이자 최초의 라틴아메리카 출신이 교황이 됐던 것이다.

그렇게 당선된 프란치스코 교황은 자신만의 독특한 방식으로 교황직을 수행해나갔다. 그는 교회가 교리를 강조하기보다 변방에서 살아가는 이들과의 '대화'에 더욱 집중해야 한다고 강조했다. 이 급진적인 교황의 모습은 그에게 투표한 이들을 포함해 많은 이들이 예상하지 못한 것이었다. 물론 추기경단의 많은 이들은 개혁가를 원했다. 그러나 그 개혁은 주로 교황청 내부의 개편, 즉 보다 효율적인 운영, 예산의 균형, 부패 문화 종식과 같은 실무적 개혁을 염두에 둔 것이었다. 물론 프란치스코 교황은 이 같은 개혁들도 추진했지만, 그보다 훨씬 더 광범위한 비전을 품고 있었다. 그는 2013년 콘클라베 직전 회의에서 추기경 형제들에게 "예수께서 교회 문 안쪽에서 문을 두드리며 밖으로 나가고 싶어 하신다"고 말한 바 있다. 그는 이 문을 반드시 열겠다고 결심했다. 그리고 교황으로 선출되어 '천국의 열쇠'[2]를 손에 쥔 그는 스스로 모범을 보이며 이를 실행에 옮기기 시작했다.

---

[2] 베드로의 열쇠를 의미하며 교황의 직위를 표현하는 말이기도 하다. 예수 그리스도가 베드로에게 "내가 이 반석 위에 내 교회를 세울 터인즉, 저승의 세력도 그것을 이기지 못할 것이다. 또 나는 너에게 하늘나라의 열쇠를 주겠다. 그러니 네가 무엇이든지 땅에서 매면 하늘에서도 매일 것이고, 네가 무엇이든지 땅에서 풀면 하늘에서도 풀릴 것이다"라고 한 마태오복음 16,18-19에서 유래했다.

어부의 신발[3]

2025년 부활절 일요일, 바티칸에 긴장감이 맴돌고 있었다. 프란치스코 교황이 폐렴과 호흡기 감염으로 로마의 제멜리 병원에서 5주간 치료를 받고 퇴원한 지 불과 한 달도 채 되지 않은 시점이었다. 그동안 그는 두 차례나 생명을 잃을 뻔했다. 88세의 교황이 퇴원할 당시, 의사들은 교황이 바티칸으로 돌아가 회복하는 동안 어린이와의 접촉을 금하고 대규모 군중을 피하며 방문객 수를 제한하는 등 엄격한 두 달간의 요양 기간이 필요하다고 강조했다.

    하지만 기존 틀에 얽매이지 않는 성향과 사람들과 함께하기를 좋아하는 성격을 지닌 프란치스코 교황은 의사의 지시를 따르지 않았다. 퇴원 후 영국의 찰스 3세 국왕과 카밀라 왕비의 깜짝 방문을 맞이했고, 성 베드로 대성당에 예고 없이 나타나 아이들을 맞이하며 사탕을 나눠주기도 했다. 이 밖에도 여러 예기치 않은 일정들이 이어져, 그리스도인들에게 가장 거룩한 시기인 성주간[4]

---

[3] 교황이 베드로 사도의 후계자임을 상징하는 표현으로, '고기를 낚는 어부'에서 '사람을 낚는 어부'로 부름받은 베드로의 사명과 교황의 봉사적 직무를 나타낸다. 본래 교황의 신발은 베드로의 피와 순교를 상징하는 붉은색이었으나, 프란치스코 교황은 이를 화려하다고 여겨 추기경 시절 신던 낡은 검은색 구두를 계속 착용했다.

[4] 예수 그리스도의 수난과 죽음, 부활을 기념하는 시기로, 교리상 인간의 구원 역사에서 가장 중요한 사건들이 모여 있는 시기다. 동시에 그리스도인의 신앙 정체성과 삶의 방향을 새롭게 하는 가장 중요한 때다.

에 접어들 무렵 바티칸 관계자들은 앞으로 교황의 건강에 무슨 일이 벌어질지 가늠할 수 없게 됐다.

바티칸은 교황이 성주간의 전례에 참여할지 여부에 대해 아무런 입장을 밝히지 않았다. 그러나 성목요일이 되자 프란치스코 교황은 바티칸을 떠나 로마의 레지나 첼리 교도소로 향했고, 수감자들을 찾아가는 전통을 이어갔다. 그러나 그는 예전과 달리 주님 만찬 미사를 집전하고 발 씻김 예식을 거행할 수는 없었다. 2013년 선출된 지 얼마 지나지 않은 시기에 맞이한 성목요일, 당시 교황은 여성과 무슬림의 발을 씻겨주어 세상에 충격을 준 바 있었다. 이제는 쇠약해진 교황이 말했다. "올해는 제가 이 예식을 할 수 없습니다. 하지만 여러분 곁에 있을 수 있고 또한 함께하고 싶습니다. 여러분과 여러분의 가족을 위해 기도합니다."[84] 이후 프란치스코 교황은 성금요일의 주님 수난 예식, 십자가의 길, 부활 성야 미사에 모습을 드러내지 않았다. 그렇다면 부활 주일에 교황이 모습을 드러낼 것인가? 의문이 커져만 갔다.

부활절은 언제나 바티칸에 순례객들이 몰려오는 시기이지만, 2025년은 교회의 희년Jubilee Year[5]이므로 부활 미사에 참석한 인

---

[5] 가톨릭교회가 전 세계적으로 거행하는 특별한 은총과 회개의 해를 뜻한다. 이는 이집트로부터의 해방 이후 매 50년째 해를 희년으로 선포했던 이스라엘의 전통을 물려받은 것이며, 현재 교회는 일반적으로 25년에 한 번씩 희년을 거행한다. 이 기간 그리스도교인들은 순례와 고해성사, 미사, 자선, 기도 등을 통해 전대사를 수여받으며, 하느

파는 어느 때보다 많았다. 로마의 완벽한 봄날, 네덜란드에서 온 수천 송이의 꽃들이 성 베드로 광장의 야외 제대를 장식했지만 교황은 미사에 참석하지 않았다. 그러나 정오가 되고 성 베드로 대성당 발코니의 붉은 벨벳 커튼이 열리자 군중은 환호성을 질렀다. 휠체어를 탄 프란치스코 교황이 발코니로 나와 모습을 드러낸 것이었다.

"형제자매 여러분" 그가 쉰 목소리로 말했다. "부활을 축하합니다!"

전례 담당 대주교가 교황의 부활절 연설인 '우르비 에트 오르비$^{Urbi\ et\ Orbi}$(도시와 온 세상에)'[6] 축복문의 나머지를 대독하는 동안, 군중은 흥분을 감추지 못하고 환호와 박수, "비바 일 파파!"라는 외침을 멈추지 않았다. 그 열기는 프란치스코 교황이 퇴원 이후 처음으로 성 베드로 광장을 돌기 위해 교황 차량에 탑승하자 절정에 달했다.

정말 특별한 순간이었다. 나는 취재진을 위해 마련된 베르니니의 회랑 위 자리에서 동료들과 함께 광장을 내려다보며, 모든

님과 이웃과의 관계를 새롭게 하고, 영적·사회적 회복을 체험한다.
6 교황이 로마와 전 세계를 위해 보내는 축복으로 성탄절과 부활절, 새로운 교황 선출 직후에 성 베드로 대성당의 발코니에서 거행된다. 축복 전 교황은 일종의 연설을 통해 세상이 당면한 어려움과 문제들에 대해 호소하고 세상 모든 이들에게 위로와 축복의 인사를 전한다.

Brothers and Sisters,
This is the Hour for Love!

지금이야말로 사랑할 시간

역경을 무릅쓰고 신자들 가까이에 있으려는 이 80대 노인의 모습에 경외심을 느꼈다. 그러나 동시에 또 다른 현실이 다가오고 있었다. 그는 매우 아픈 상태였고, 가진 힘을 다 쏟아내며 버티고 있었다. 부활절 밤에 나는 한 바티칸 고위 관계자에게 교황의 건강 상태에 대해 물었다. 그는 "교황님께서는 회복 과정에서 좋은 날과 나쁜 날을 번갈아 겪고 계십니다. 오늘은 그저 나쁜 날일 뿐입니다"라고 답하며, 앞으로 몇 달 안에 프란치스코 교황이 다른 그리스도교 종파들과 함께하는 대규모 종교 간 행사에 참여하기 위해 터키를 방문할 계획이라고 말했다.

다음 날 오전 9시 45분경, 교황청 공보실에서 메시지가 도착했다. 프란치스코 교황이 거주하는 바티칸 게스트하우스 카사 산타 마르타 경당에서 짧은 발표가 있을 것이라는 내용이었다. 교황이 병원에 입원한 순간부터 거론돼온, 오랫동안 소문만 무성했던 사임 발표일까? 하지만 그 가능성은 낮아 보였다. 그날은 부활절 다음 날인 월요일이었고 따라서 이탈리아의 공휴일이었기 때문이다. 이날은 '파스케타Pasquetta'라고 불리는 성스러운 날로, 친구와 가족이 함께 피크닉을 즐기는 날이었다.

이윽고 짧은 영상이 송출되기 시작하자, 많은 이들의 두려움이 현실이 됐다. 교황의 선종 소식을 전하는 임무를 맡은 네 명의 고위 성직자들의 어두운 표정이, 내가 컴퓨터 볼륨을 높이기도 전에 모든 것을 말해주고 있었다. 케빈 패럴$^{Kevin\ Farrell}$ 추기경은 "프란치스코 교황께서 아버지의 집으로 돌아가셨습니다"라는 말로 세상에 그의 죽음을 알렸다. 충격적인 소식이었지만, 완전히 예상하지 못했던 일은 아니었다.

패럴 추기경은 이어서 이렇게 말했다. "프란치스코 교황은 자신의 전 생애를 주님과 교회를 섬기는 데 바쳤습니다. 그는 특히 가장 가난하고 소외된 이들을 위해 우리가 복음의 가치를 충실하고 용감하게, 그리고 보편적인 사랑으로 실천하도록 가르쳐주셨습니다."[85]

6일 후인 4월 26일, 전 세계가 그의 삶과 유산에 경의를 표하기 위해 로마로 모여들었다. 장례에 참여하기 위해 50명 이상의 국가 원수와 10명의 왕실 인사가 참석했으며, 그중에는 조 바이든 전 미국 대통령과 도널드 트럼프 대통령을 비롯한 다양한 인물들이 포함되어 있었다.

프란치스코 교황의 장례 미사에서 이탈리아인 추기경단 단장 조반니 바티스타 레$^{Giovanni\ Battista\ Re}$ 추기경은 전 세계와 곧 차기 교황을 선출하게 될 동료 추기경들에게, 프란치스코 교황이 교회에 제시한 방향에서 결코 되돌아갈 수 없다고 선언했다.

레 추기경은 "프란치스코 교황의 사명의 중심에 교회는 모두를 위한 집이며, 언제나 문이 열려 있는 집이라는 확신이 있었다"

고 말하며, 교황의 구호 "토도스, 토도스, 토도스"를 상기시켰다. 이어 그는 프란치스코 교황의 "사람들의 문제와 현대 세계를 갈라놓는 커다란 불안을 돌보려는 결심을 한 교회, 신앙이나 상황에 상관없이 모든 이에게 몸을 굽혀 그 상처를 치유할 수 있는 교회"에 대한 비전을 칭송했다.[86]

프란치스코 교황의 관은 단출한 목관이었다. 장례 미사가 끝난 뒤 그는 마지막으로 교황 차량에 실렸다. 늘 바티칸이 감옥처럼 느껴졌다고 말하던 그는 100여 년 만에 바티칸에 묻히지 않는 교황이 됐다. 그의 유해는 유언에 따라 도시 반대편에 있는 산타 마리아 마조레 대성당에 안장됐는데, 이곳은 그가 가장 사랑했던 성모 마리아 이콘[7]이 있는 성당이었다.

그의 시신이 로마 시내를 따라 4마일의 거리를 통과하는 동안, 15만 명이 넘는 조문객들이 거리 양쪽을 가득 메우고 있었다. 많은 사람이 그를 스페인어로 "운 부엔 페르소나$^{un\ buen\ persona}$(좋은 사람)"라고 부르며 경의를 표했다. 영원의 도시 로마가 장엄한 풍경을 드러냈다. 콜로세움과 포로 로마노를 지나 교황 차량이 시내를 달리는 모습은 마치 펠리니^{Fellini} 감독 영화의 한 장면 같았다. 마침내 프란치스코 교황의 관이 그가 선택한 안식처에 도착했다.

---

7   그리스어로 '형상, 모습'을 뜻하는 말로 예수 그리스도나 마리아, 성인 등의 거룩한 인물을 상징적으로 표현한 성화다.

생전에 그가 사랑했던 대성당의 계단에는 '가장 작은 이들'이 작별 인사를 전하기 위해 모여 있었다. 그들 가운데는 이민자와 난민, 수감자, 트랜스젠더, 그리고 로마의 가난한 이들과 노숙인들이 있었다. 그들은 각자 흰 장미를 들고 있었고, 이 장미들은 모아져 프란치스코 교황이 사랑하던 〈로마 백성의 보호자 Salus Populi Romani〉 성모 이콘 앞에 놓였다. 그는 교황이 되기 전부터 이 성화 앞에서 기도해왔고, 교황이 된 뒤에도 해외 사목 방문의 출발과 귀국 때를 포함해 120회가 넘게, 또한 병상에서 퇴원할 때마다 이 성화 앞에서 기도했다.

프란치스코 교황의 유언에 따라 그의 시신은 지면에 있는 자리에 안장됐다. 그 자리는 한때 창고로 쓰였던 두 고해소 사이의 작은 공간이었으며, 묘비에는 그의 라틴어 이름 '프란치스쿠스 Franciscus' 외에는 아무 글자도 쓰여 있지 않았다. 관이 봉인되기 전 마지막으로 공개된 모습에서 그는 소박한 전례복을 입고 있었고, 낡고 해진 검은색 신발을 신고 있었다.

이제 추기경들이 그 '어부의 신발'을 누가 이어 신을 것인지 결정할 때가 됐다.

대대적으로 재편된 추기경단의
콘클라베 준비

프란치스코 교황이 선종한 당일, 추기경단 단장 조반니 바티스타 레 추기경은 모든 추기경에게 서한을 보냈다. 해당 서한에는 교황의 장례식을 준비하기 위한 첫 회의[8]가 언제인지 명시되어 있었다. 그 시각은 교황의 선종 소식이 전 세계에 발표된 지 불과 24시간도 채 되지 않는 4월 22일 화요일 오전 9시였다.

뉴질랜드 웰링턴의 존 듀^{John Dew} 추기경은 부활절 다음 날 월요일 자택에 머무르던 중 누이로부터 교황 선종 소식이 사실인지를 묻는 전화를 받았다. 비보를 확인한 그는 곧바로 여행사에 연락해 거의 24시간이 걸리는 로마를 향한 여정을 준비했다. 한편 프란치스코 교황 재임 기간 동안 문화교육부 장관을 맡았던 포르투갈 출신의 조제 톨렌티누 데 멘돈사^{José Tolentino de Mendonça} 추기경은 로마 테르미니역에서 기차를 타려던 참에, 한 노부인이 교황이 선종했다는 소식을 주변에 전하는 것을 들었다. 불과 15분 만에 그는 다시 집무실로 돌아올 수 있었다. 이처럼 가까이 있든 멀리 있

---

[8] 콘클라베 사전 회의로, 투표권이 있는 추기경들뿐만 아니라 퇴임한 80세 이상의 모든 추기경이 참석한다. 이 회의에는 질병 등 정당한 사유로 참석이 어려운 경우를 제외하고는 모든 추기경이 참석하는 것이 원칙이다.

든, 추기경단의 모든 구성원은 최우선 임무를 자각하고 있었다. 그것은 가능한 한 신속히 로마에 도착하는 것이었다.

전체 회의의 첫 회기에는 60명의 추기경들이 바티칸에 도착했다. 이 가운데 대부분은 로마 교황청에서 근무하는 인사들이었으나, 비교적 가까운 지역에 거주하는 몇몇 추기경들은 마지막 순간에 비행기와 기차표를 간신히 구해 로마로 올 수 있었다. 2024년 12월 프란치스코 교황에 의해 추기경으로 서임된 영국의 티머시 래드클리프Timothy Radcliffe 추기경은 자신이 일흔아홉의 나이에 콘클라베에서 투표하게 될 것이라고는 전혀 예상하지 못했다. 그는 로마에 새벽 1시에 도착해 불편한 잠자리에 몇 시간만 몸을 누인 뒤 첫 회의에 참석했다.

투표권이 있는 추기경 중 80퍼센트는 콘클라베 참석이 처음이었다. 135명의 추기경 가운데 133명이 로마에 도착해 참여하게 됐으며, 이는 교회 역사상 가장 규모가 크고 다양한 구성원으로 이뤄진 콘클라베였다. 프란치스코 교황은 재임 기간 동안 그간 주목받지 못했던 지역들의 추기경을 발탁함으로써 추기경단을 재편하는 것을 목표로 삼았다. 전통적으로 추기경이 서임되어온 밀라노, 파리, 로스앤젤레스 같은 도시들은 배제됐고, 남수단, 브루나이, 파푸아뉴기니, 통가처럼 이전에 추기경이 탄생하지 않았던 새 지역의 인물들이 발탁됐다.

퓨 리서치 센터에 따르면, 추기경단이 대대적으로 재편되면서 가톨릭 신앙이 빠르게 성장하고 있는 아프리카와 아시아 같은 지역에 더 큰 발언권과 투표권이 주어지게 됐다. 아시아·태평양 지역의 선거권을 지닌 추기경 비율은 2013년의 10퍼센트에서 18퍼센트로 증가했다. 반면 유럽은 여전히 다수를 차지하고 있었지만 그 영향력이 사상 최저로 줄어들어 전체의 40퍼센트를 차지하고 있었다. 이는 2013년의 51퍼센트에서 감소한 수치였다.[87]

로마에 모인 추기경들은 지역 배경과 관계없이 즉시 유명 인사가 됐다. 약 5,000명의 기자들이 선거권을 가진 133명의 추기경들에게 발언 한마디 혹은 짧은 멘트라도 얻기 위해 몰려들었다. 추기경들이 머무는 수도회 숙소 혹은 종교 시설에서 바티칸으로 이동하는 길목은 매일같이 인파로 북적였다. 일부 추기경들은 일반적인 인사말을 건넸고, 또 다른 이들은 기도를 요청하는 짧은 몇 마디를 남겼다. 어떤 이들은 아무 말 없이 미소만 지었고, 심지어 그런 미소조차 삼가는 이들도 있었다.

관심을 보인 이들은 기자들만이 아니었다. 성직자 성추행 사건 피해자들은 학대 가해 사제가 사목에 복귀하지 못하도록 엄격히 대처한 전력이 있고 이를 지속적으로 실천할 인물을 선출해달라며 로마를 찾았다. 남성 중심 성직 제도의 종식을 주장하는 여성 성직 서품 협의회Women's Ordination Conference는 콘클라베를 위해 기도회를 열었고, 교회 구성원의 절반 이상이 여성임을 잊지 말라는 의미로 바티칸 인근에서 분홍 연기를 피워 올렸다. 한편 한 미국인 수집가는 잠재적 교황이 서명하기를 희망하며 추기경들에게 야구공에 서명해달라고 간청하기도 했다.

로마에 도착한 추기경들이 맞닥뜨린 어려움 중 하나는 서로를 알아가야 한다는 것이었다. 이는 프란치스코 교황이 재임 기간 동안 추기경단 회의를 정기적으로 소집하지 않았기 때문이었다. 그 결과 교황으로 선출될 가능성이 높다고 가장 많이 거론되는 인물들은 바티칸 내에서 일하는, 이미 잘 알려진 추기경들이었다. 영국의 빈센트 니컬스Vincent Nichols 추기경은 전체 회의 첫날 이 문제에 대해 솔직하게 거론하며, 추기경들이 서로를 알 수 있도록 명찰을 달아야 한다고 건의했다.

며칠 뒤 자신이 어느 나라 출신인지, 그리고 선거권자(80세 미만)인지 비선거권자(80세 이상)인지 표시한 명찰을 단 추기경들이 바티칸을 거닐었다. 회의장에 들어서거나 보르고 피오 거리에서 마주칠 때마다 추기경들은 인사를 나누고 서로의 명찰을 내려다보며 방금 자신이 누구와 대화했는지 머릿속에 새겼다. 상당수는 처음 만나는 사이였다.

콘클라베가 시작되기 전에 추기경들이 서로를 알 수 있는 기회는 두 번 있었다. 2023년과 2024년에 로마에서 열린 시노달리타스 시노드였다. 투표권이 있는 추기경들의 3분의 1 이상이 이 시노드 기간 동안 총 8주 이상을 함께 보냈다. 이 기간 동안 시노드는 교회 생활의 중요한 현안들에 대해 의견을 나누는 장이 됐으며, 평신도의 의사 결정 참여를 어떻게 확대할 것인지부터 주교들의 책임을 어떻게 강화하고 사제 양성을 어떻게 개선할 것인지까지 다양한 주제가 논의됐다.

시노드는 원탁 토론 형식으로 진행됐으며, 추기경들과 평신도들은 동등한 발언권을 가지고 교회의 미래에 관한 핵심 질문들을 함께 논의했다. 발언 시간에는 엄격한 제한이 있었고, 다른 사람이 발언하는 동안에는 반드시 침묵이 요구됐다. 추기경단의 전체 회의는 이러한 방식과 뚜렷한 대조를 이루었다. 전체 회의에서도 추기경들의 발언이 5분 이내로 제한되긴 했지만, 이 규정이 엄격히 적용되지는 않았다. 콘클라베 전 회의에서 추기경들이 한자리에 모이자 서로를 가로지르는 분명한 갈림길이 있다는 사실이 드러났다. 회의를 자유로운 대화와 폭넓은 참여가 있는 시노달리타스 운영 방식으로 진행할 것인지, 아니면 장황한 연설과 설득이 있는 방식으로 진행할 것인지에 대한 견해 차이가 있었던 것이다.

기로에 선 가톨릭교회,
균열 가운데 유력 주자들

전 교황청 신앙교리성 장관이었던 독일 출신의 게르하르트 뮐러 추기경은 변화를 촉구하며 가장 먼저 공격적인 입장을 드러낸 인물 중 하나였다. 그는 특유의 직설적인 화법으로 프란치스코 교황이 독재자처럼 교회를 통치했다고 비판했다. 뮐러 추기경은 프란치스코 교황 재임 동안 교회가 지나치게 분열됐고, 성직자가 아닌 이들에게 교황이 과도한 권한을 부여했으며, LGBTQ+ 문제와 여성 사도직에 관한 논의를 열어놓았다고 주장했다. 지금 교회에 필요한 사람은 교리를 더욱 중요하게 여기는 인물이라는 것이 그의 견해였다.

뉴욕의 티머시 돌런Timothy Dolan 추기경 역시 이와 같은 뜻을 시사했다. 그는 NBC의 아침 프로그램 〈투데이〉에서 새 교황이 프란치스코 교황과 같은 따뜻한 마음과 온기를 지니고 있으면서도, 동시에 "가르침을 전달하는 데 있어 더 명확하고 교회 전통에 대한 더욱 깊은 이해를 갖춘 인물이어야 한다"[88]고 말했다.

로마에서 비공개로 진행된 콘클라베 이전 전체 회의가 열기를 더해가던 중, 전 성직자부 장관이었던 퇴임 추기경 베니아미노 스텔라Beniamino Stella가 프란치스코 교황을 "공개적으로 비판했다"는 소식이 들려왔다. 이 이야기는 한 추기경의 〈아메리카〉 잡지 인터뷰를 통해 유출됐다. 스텔라 추기경은 평신도와 여성 수도자들이 교황청 기구를 운영하게 된 것이 "교회의 오랜 전통을 무시한 일"[89]이라고 비판한 것으로 전해졌다.[9] 미국의 레이먼드 버크Raymond Burke 추기경, 나이지리아의 프랜시스 아린제Francis Arinze 추기경, 홍콩의 조셉 젠Joseph Zen 추기경 등 전통주의 성향의 다른 원로 추기경들도 장시간 발언하며 시노달리타스와 관련된 프란치스코 교황의 정신에 공개적으로 반대 의사를 표명했다.[10]

이윽고 이러한 비판적 입장의 추기경들에게서 하나의 단어가 마치 구호처럼 부각됐다. 그것은 바로 '일치'였다. 그들은 지난 교황 재임 기간에 분열이 일어났다고 평하며, 교회가 프란치스코 교황의 개혁 중 일부에 제동을 걸거나 속도를 늦출 수 있는 안정적인 지도력을 필요로 한다고 주장했다.

[9] 프란치스코 교황은 교황청립 대학의 총장을 평신도로 교체함으로써 논란을 일으키기도 했다. 총장은 교리적 측면에서 전통을 지키고 성경의 가르침을 기반으로 계명과 진리를 수호하는 역할을 수행해왔는데, 평신도의 경우 교계적 가르침이 아닌 개인적 관점으로 교회의 교육 제도에 혼란을 일으킬 수 있었기 때문이다. 한편으로는 임명권이 교황권의 남용으로 이어질 수 있다는 우려를 야기하기도 했다.

[10] 시노달리타스는 회의의 모든 구성원(성직자, 수도자, 평신도)이 동등한 존엄성을 가지고 서로 경청하며 함께 교회의 길을 모색하는 것을 뜻하지만, 이것이 지나치게 부각될 경우 마치 교회가 민주주의를 통해 사안을 결정짓는 인간 공동체처럼 보일 수 있다는 문제가 끊임없이 제기됐다. 실제로 가톨릭교회는 성서의 계명을 통해 윤리적 가르침을 결정하고 이는 변하지 않는 진리로 여겨진다. 그러한 의미에서 일부에서는 시노달리타스적 논의가 사제 독신제, 여성 부제직, 성소수자 문제 등 민감한 교리적 문제로까지 확장되면서 교회의 근본적인 가르침을 훼손할 수 있다고 우려한 것이다.

물론 전혀 다른 의견을 가진 추기경들도 있었다. 예수회 소속 마이클 체르니Michael Czerny 추기경은 〈뉴욕 타임스〉와의 인터뷰에서 이에 동의하지 않는다고 밝혔다. 그는 "겉으로는 참 그럴듯하게 들리지만, 실제로 그것이 의미하는 바는 후퇴입니다"라고 말했다. 그리고 이어서 "만약 나에게 콘클라베의 잘못된 방향이 무엇이라고 생각하느냐고 묻는다면, 나는 '일치를 최우선 과제로 삼는 생각'이라고 말하겠습니다. 일치는 최우선 과제가 될 수 없습니다"[90]라고 말했다. 반면 그는 전 세계 14억 가톨릭 신자로 이루어진 교회의 다양성을 인식하는 것이 무엇보다 중요하다고 설명했다.

내가 추기경들과 개인적으로 대화하는 동안, 여러 사람들이 2024년 시노드에서 있었던 래드클리프 추기경의 연설에 대해 언급했다. 이 당시에 그는 교회를 '그물'에 비유했다.[91] 그물은 밧줄에 의해 단단히 묶여 강한 결속을 이루고 있는데 이는 곧 교회의 교리 전통을 의미한다. 한편 동시에 그물은 물이 자유롭게 흐를 수 있도록 충분한 빈 공간을 가지고 있다. 이는 교회 안에서 사목적 창의성이 발휘될 여지가 있어야 함을 의미했다.

시노드, 그리고 이제는 콘클라베가 직면한 과제는 미국과 독일 같은 지역에서 많은 가톨릭 신자들이 여성, LGBTQ+, 그리고 기타 소수자들에 대한 대우에 있어 교회가 시대에 한참 뒤처져 있다고 생각한다는 점이었다. 그러나 반면 아프리카에서는 프란치스코 교황이 동성애자들에게 축복을 베풀 수 있도록 한 결정으로 인해 큰 반발이 일어나기도 했다. 아프리카 측은 이 결정에서 아프리카 특유의 문화가 전혀 고려되지 않았다고 주장했다." 결국 래드클리프 추기경이 주장했으며 콘클라베에 앞서 역시 공개적으로 논의된 문제는 교회를 하나로 묶어주기 위해 필요한 친교를 명확히 하는 동시에, 자유를 허용할 수 있는 여지를 어떻게 남겨둘지에 대한 것이었다. 샌프란시스코의 상황과 남수단의 상황은 다르므로 관행과 규율은 다르게 적용되어야 하며, 그렇게 할 필요가 있는 것이 사실이었다.

'일치'를 중시하는 진영과 '다양성'을 강조하는 진영 사이의 균열이 드러남에 따라, 교회를 이끌어가기에 가장 적합한 인물이 누구인지에 대한 경쟁이 점점 더 치열해지고 있음이 분명해졌다.

프란치스코 교황의 선종 전부터 헝가리의 페테르 에르되[Peter Erdö] 추기경은 전통주의 진영에서 콘클라베의 최유력 후보로 거론

---

11 많은 아프리카 국가에서 동성애 행위는 법을 통해 범죄로 규정되어 있으며, 이슬람 문화권의 경우 사형에 처하는 곳도 있다. 이러한 사회적 맥락에서 동성애자들에 대한 축복은 아프리카 공동체의 문화적 정신에 모순되고, 신자들에게 극심한 혼란을 초래할 것이라고 아프리카 주교들은 우려했다. 실제로 동성 축복을 허용하는 문서가 발표된 이후, 아프리카와 마다가스카르 주교회의 심포지엄[SCEAM] 의장인 프리돌린 암봉고[Fridolin Ambongo] 추기경은 아프리카의 모든 주교들에게 서한을 보내 "아프리카 교회의 사목자로서 우리는 그리스도인들에게 명확한 방향을 제시하기 위해 이 문제에 대해 분명하게 표현해야 한다"라고 말함으로써 직접적인 거부 의사를 밝혔다.

돼왔다. 교회법을 전공한 그는 교리를 엄격히 수호하는 인물로 명성이 높았으며, 프란치스코 이전으로 시계를 되돌릴 수 있는 인물로 더욱 많이 회자됐다. 그러나 현실적으로 그의 당선 가능성은 낮아 보였다. 투표권을 행사하게 될 추기경의 80퍼센트를 프란치스코 교황이 임명했기 때문이었다.

보다 온건한 길을 모색하던 이들 가운데 상당수는 이탈리아 출신의 피에트로 파롤린Pietro Parolin 추기경을 지지하기 시작했다. 평생을 외교관으로 활동해온 그는 교황청 국무원장으로서 프란치스코 교황의 최측근으로 일했다. 이러한 경력은 세계 질서가 급변하는 시기에 교회를 이끌어갈 적임자의 자질을 갖추었음을 의미했다. 그러나 프란치스코 교황의 장례식 다음 날, 20만 명이 넘는 청년들을 대상으로 미사를 집전했을 때 파롤린 추기경은 활기에 가득 찬 군중과 제대로 소통하지 못하는 듯 보였다. 일부 추기경들은 그의 카리스마가 교황 후보로서 다소 부족하다고 의심하기 시작했다.[92] 그렇다면 선종한 교황의 유산을 이어가고 그와 같은 사목적 친화력을 유지하면서도 보다 절제된 통치 스타일을 지닌 후보를 찾고자 한다면, 그 인물은 누가 될 것인가?

일부 추기경들, 특히 라틴아메리카의 추기경들은 뉴저지주 뉴어크 대교구의 조지프 토빈Joseph Tobin 추기경과 프란치스코 교황에 의해 주교부 장관으로 임명된 시카고 출신의 로버트 프레보스트Robert Prevost 추기경의 가능성을 진지하게 검토하기 시작했다. 두 사람 모두 수도회 출신이었고 강렬한 선교 경험을 갖추고 있었으며 성직자 생활의 대부분을 미국 외 지역에서 보냈다는 점이 주목됐다. 이러한 점에서 그들은 전형적인 미국인으로 보이지 않았으며, 미국 국적이 그들에게 불리하게 작용하지 않을 수도 있었다.

하지만 도널드 트럼프 미국 대통령이 프란치스코 교황의 장례식에 참석한 지 일주일 만에 교황 복장을 입은 자신의 모습을 생성한 AI 사진을 소셜미디어에 게시하자, 다수의 추기경은 미국인 교황이 오랫동안 구성원의 다양성을 소중히 여겨온 교회에 가져올 수 있는 여러 부담을 다시금 떠올리게 됐다.

다른 미국인들은 콘클라베에 영향을 미치기 위해 다른 방법을 시도하기도 했다. '추기경단 보고서 The College of Cardinals Report'라는 프로젝트의 대표 다이앤 몬타냐 Diane Montagna는 바티칸 밖에서 두꺼운 책자를 배포했는데, 그 안에는 유력 후보들의 프로필이 담겨 있었다.[93] 이 정교하게 편집된 책자는 추기경들이나 기자들에게 똑같이 전달됐으며, 많은 수신자들은 이 책이 왜곡된 시선을 가지고 있다는 사실을 모르고 있었다. 이 책의 저자들은 프란치스코 교황에 대해 비판적이었으며, 추기경단 중 전통주의 성향이 강한 인물들에 대해서는 극찬을, 반면 프란치스코의 발자취를 따르려는 이들의 후보 가능성에 대해서는 부정적인 의견을 서술했다. 한편 소설미디어에서는 다른 흑색선전이 전개됐는데, 그 표적은 가난한 이들에 대한 헌신으로 '아시아의 프란치스코'로 불리며 차기 교황 후보로 꾸준히 거론돼온 필리핀의 루이스 타글레$^{Luis\ Tagle}$ 추기경이었다. 타글레의 죄목은 그가 존 레넌의 〈이매진^{Imagine}〉**12**을 불렀다는 것이었다. 일부 비평가들은 이를 가톨릭의 가르침과 어긋나는, 심지어 이단적인 행위라고 주장했다.⁹⁴

시간이 흘러 콘클라베 전 전체 회의가 막바지에 이르렀을 때, 결국 교황 선출은 누구에게나 가능성이 열려 있는 것으로 보였다. 유일하게 확실한 점은 이번 콘클라베의 결과가 예측 불가능하다는 것뿐이었다.

콘클라베 시작 전날, 추기경단이 영적 묵상을 나누어달라고 요청한 베네딕토회 소속 도나토 오글리아리$^{Donato\ Ogliari}$ 신부는 "교회가 오랫동안 추구해왔고 프란치스코 교황이 모든 방면에서 심화해온 대화의 길이 두려움 없이 지속되어야 한다"⁹⁵라고 말했다.

이윽고 5월 7일이 됐다. 붉은 예복을 입은 추기경들이 '성인 호칭 기도'와 '오소서 성령이여$^{Veni\ Creator\ Spiritus}$'를 노래하며 시스티나 성당으로 행렬해 들어가기 시작했다. 그중 적지 않은 추기경들은 곧 누구에게 투표해야 할지 깊이 숙고하며 떨고 있는 듯 보였다.

---

12 "천국이 없다고 상상해봐$^{Imagine\ there's\ no\ Heaven}$", "우리 발아래 지옥은 없어$^{No\ hell\ below\ us}$", "종교조차 없는 곳$^{And\ no\ religion\ too}$"과 같은 가사를 포함하고 있다.

제3부

시카고에서 로마로

아들, 사제, 선교사, 목자

2023년 7월 12일 아침, 나는 로마 프라티 지구의 아파트에서 바티칸으로 걸어가고 있었다. 한여름의 뜨거운 열기가 매섭게 느껴지던 날이었다. 나의 목적지는 성 베드로 광장 인근의 비오 12세 광장에 있는 교황청 부서 중 하나였다. 10번지에 도착해 건물에 들어서자 지금까지 몇 년간 수차례 대기했던 여느 교황청 사무실들과 다름없는 접견실로 안내됐다. 흰 대리석 바닥, 푹신하지만 뻣뻣한 등받이가 높은 의자들. 겉보기에는 웅장해 보였지만, 더 충분한 예산과 유능한 인테리어 디자이너의 손길이 필요해 보였다. 나와 동료 기자는 지루한 바티칸 접견실 사진만 모아도 커피 테이블용 책 한 권은 거뜬히 만들 수 있겠다고 종종 농담하곤 했다. 나는 넥타이를 고쳐 매고 자리에 앉아 이마의 땀을 닦아내며, 미약하게나마 창문으로 들어오는 부드러운 바람을 즐겼다.

오전 11시 30분 정각, 시카고 출신의 로버트 프레보스트 추기경이 들어왔다. 그는 과도하지 않지만 진심 어린 미소를 지으며 내 손을 잡았다. "미국의 가톨릭 언론에 대해서 잘 모르지만 당신의 신문사를 알고 있고, 당신의 기사도 읽어본 적 있습니다." 그 말이 호의의 표시인지 정말인지 확신할 길은 없었지만, 최소한 그가 나에게 시간을 내줬다는 데 감사할 뿐이었다. 나는 〈내셔널 가톨릭 리포터National Catholic Reporter〉 소속으로 2020년 전미 특파원으로 시작해 2021년 로마로 옮겨 바티칸을 취재하게 됐다. 이 신문은 교회의 권위에 종속되지 않는 독립성으로 수년간 일부 가톨릭 교계 인사들의 심기를 거스르곤 했다. 미국 교회의 성 스캔들을 최초로 폭로했고, 이후 수십 년간 이 문제를 끈질기게 파헤쳐왔다. 또한 평신도, 특히 여성의 교회 내 역할 확대와 주교들의 책임 강화를 요구하는 사설과 칼럼이 실리면서 몇몇 고위 성직자들은 나와의 대화에서 말을 아끼기도 했다. 하지만 나는 내 개인적 의견이 기사에 물드는 것을 철저히 피했기에, 결국 주교들 가운데 상당수는 나를 신뢰하게 됐다.

그해 초에 전 세계의 주교를 발탁하는 막강한 부서인 바티칸 주교부의 책임자로 로버트 프레보스트 추기경이 임명된 이후, 나는 줄곧 그와의 인터뷰를 원했다. 미국의 주교단은 프란치스코 교황의 재임 초기부터 교황과 마찰을 빚고 있었다. 그 때문에 미국 내에서 프란치스코 교황을 지지하는 이들 사이에서는 교황이 자신의 의중을 반영하고자 미국 내 주교단을 재편할지에 대한 궁금

증이 커지고 있었다. 내 앞에 서 있는 이가 바로 그 임무를 맡은 인물이었다. 그의 계획은 무엇일까? 임기가 곧 끝나 공석이 될 주요 대교구들을 누가 맡게 될까? 그는 어떤 성격의 인물이 주교가 되기를 원할까? 이 질문들의 답은 오직 프레보스트만이 알고 있었고, 아직까지는 어떠한 의중도 드러내지 않은 상태였다. 교황청 공식 매체와 진행한 단 한 번의 인터뷰에서도 그가 특별히 어떠한 생각을 하고 있는지는 드러나지 않았다. 교황청에서 정보가 새는 일은 종종 있지만, 새로운 주교를 임명하는 절차나 향후 고려되는 후보자에 대해서는 철저히 함구하는 것이 관례다. 나는 그의 부서가 수행하는 업무의 민감함을 고려해 꼭 정식 인터뷰가 아니더라도 같은 미국인으로서 나를 직접 소개할 기회를 주었으면 한다고 요청했다. 다행히 프레보스트 추기경은 이를 흔쾌히 받아들였다.

무엇보다도 나는 그의 업무가 궁금했다. 불과 20명 남짓한 직원으로 구성된 부서가 전 세계 수천 명의 주교를 어떻게 관리할 수 있을까? 특히 요즘은 많은 사제들이 주교직 제안을 거절하는 시기이기도 했다.[196] 프레보스트 추기경은 이 직책을 10년 넘게 맡

---

1   가톨릭교회의 교계제도를 세속적인 관점으로 바라보는 이들은 주교가 되는 것이 곧 승진을 의미한다고 생각하는 경우가 많지만 교회 안에 속한 성직자들 중 많은 이들은 이를 부담스러워한다. 주교는 대중의 감시와 비판에 노출되며 자신이 이상으로 추구해온 성직자의 삶과 다른 역할을 한평생 수행해야 하기 때문이다. 바티칸 주교부 전임 장관이었던 마르크 우엘레 추기경은 주교직을 제안받은 신부 열 명 중 세 명 정도가 거절하는 상황이라고 언급함으로써 곤란함을 드러내기도 했다.

아온 캐나다 출신 마르크 우엘레Marc Ouellet 추기경의 후임으로 발탁됐다. 우엘레 추기경은 주교단에 뚜렷한 전통적 색채를 남긴 인물이었다. 프란치스코 교황의 두 선임자인 요한 바오로 2세와 베네딕토 16세 교황은 자신들의 성향에 맞는 성직자들을 발탁하는 데 주교 임명권을 성공적으로 활용했다. 주교들은 비록 문화적인 변화를 이끌어내지는 못했지만, 교황의 방침을 철저히 집행하는 지점장과 같은 역할을 했다. 프란치스코 교황은 이 막강한 역할을 여전히 구체제의 인물에게 맡겨두고 있었다. 교황청 안팎에서는 재위 10년 차가 된 프란치스코 교황이 이런 중요한 자리에 왜 자신과 같은 성향의 사람을 임명하지 않는지 의아해하는 목소리가 많았다. 일부는 이로 인해 교회가 변화의 기회를 놓쳤다고 생각하기도 했다.

마침내 프란치스코 교황은 그 자리에 자신이 직접 선택한 인물을 임명했다. 그리고 바티칸을 주시하는 이들은 이 새로운 인사를 임명한 배경에 깊은 관심을 가졌다. 교황은 왜 그를 선택했을까? 첫 만남에서 프레보스트 추기경과 나는 그의 독특한 이력에 대해 이야기를 나누었다.

프레보스트 추기경은 인생의 약 3분의 1을 미국에서, 3분의 1을 페루에서, 그리고 나머지 3분의 1을 이탈리아에서 보냈다. 내가 주교 후보자를 선정하는 기준에 대해 물었을 때, 그는 후보자

심사에 사용되는 공식 설문지를 현재 개정하는 중이라고 설명했다. 나는 이 과정에서 평신도가 얼마나 의견을 낼 수 있는지에 대해 좀 더 구체적으로 물었다. 그는 이 직무를 맡고 놀란 점 중 하나가 미래 지향적인 임명에 집중하기보다는 문제 사례를 처리하는 데 훨씬 더 많은 시간을 써야 한다는 사실이라고 아쉬움을 표했다.

나는 그에게 당시 미국 교회의 가장 골치 아픈 사안 중 하나였던 텍사스 타일러 교구의 조지프 스트릭랜드Joseph Strickland 주교 문제에 대해 직접 물어보려 했다. 스트릭랜드 주교는 큐어넌QAnon[2] 음모론을 받아들이고 극우 성향의 소셜미디어 사이트에서 인기를 끌며, 프란치스코 교황이 가톨릭 신앙을 약화시키고 있다고 비난한 인물이었다. 프레보스트는 의미심장한 표정을 지었지만 직접적인 답변을 피했다. 결국 스트릭랜드 주교는 그해 말 직위에서 해임됐으며 현재는 미국과 가톨릭의 쇠퇴를 경고하는 다양한 팟캐스트와 라이브 스트리밍 영상을 제작하고 있다.[97]

그런데 프레보스트는 내 질문을 이용해 오히려 자신이 질문을 던지는 방식으로 다음 대화를 이어나갔다. 그가 질문했다. "미국에서 프란치스코 교황에 대한 비판이 많은 이유가 무엇 때문입

---

[2] 2017년 익명 인물 'Q'가 미국 인터넷 게시판에 올린 글을 시작으로 퍼진 극우 음모론 운동이다.

니까?"

질문을 던지는 것에만 익숙했던 내가 갑자기 질문을 받는 위치에 놓이게 됐다. 그 질문은 회피나 변명의 의도가 아닌, 진정한 호기심에서 비롯된 것이었다. 그는 차분하고 때로는 부드러운 말투로 지난 10년간의 교회의 흐름을 이야기했다. 우리는 앞선 요한 바오로 2세와 베네딕토 16세 교황의 가장 열렬한 지지자였던 일부 미국 가톨릭 신자들이 어떻게 프란치스코 교황의 가장 격렬한 비판자로 변모했는지에 대해 대화를 나누었다. 나는 종종 사용하던 문장을 약간 바꿔 '카페테리아는 문을 닫았다'라는 비유로 가톨릭 교회의 가르침을 엄격히 준수해야 한다고 말하던 이들이 이제는 '음식 싸움'을 주도하고 있다고 말했다. 그는 그 말을 재미있어하는 듯했다.[3]

이제 나는 다시 입장을 바꿔, 미국에서 프란치스코 교황이 많은 비판을 받는 이유에 대해 어떻게 생각하는지 프레보스트 주교에게 되물었다. 프레보스트 추기경은 프란치스코 교황에 대한 미국 신자들의 비판적 양상을 단순하게 정리할 수 없다는 점을 인정하면서도, 역사상 최초의 라틴아메리카 출신 교황이 무제한적

---

[3] '카페테리아는 문을 닫았다'라는 비유는 교회의 다양한 교리 중에 '메뉴 고르듯' 마음에 드는 것만 골라 믿는 이들을 비판할 때 사용하는 비유다. '음식 싸움'은 격렬하고 유치한 공개적 논쟁을 의미한다.

자유시장 자본주의를 비판한 것이 많은 이들에게 불편함을 주었다는 사실은 분명하다고 말했다. 그의 말에 따르면 그 저항의 본질은 신학적 성격이 아니라 경제적 성격을 지니고 있었다. 프레보스트의 개인적 배경을 이해하면 그가 어떻게 이러한 통찰에 도달했는지를 설명할 수 있다. 그리고 이는 레오 14세가 된 그가 앞으로 세계 교회를 어떻게 이끌어갈 것인지에 대한 단서 역시 제공한다.

미국 제2의 도시에서 남아메리카까지

19세기 말 일리노이 중앙 철도는 미국의 오대호와 멕시코만을 연결해 도시 생활과 농촌 생활을 더 가깝게 이어주었다. 이는 곧 산업혁명이 약속한 미래를 구체적으로 실현시켰다. 도시 외곽에는 새로운 공장들이 세워졌고, 제철소에서 뿜어져 나오는 연기가 밤하늘을 가득 메웠다. 그 결과 시카고의 가장 남쪽 끝에 인접한 돌턴 마을은 도시를 떠나고자 하는 많은 가톨릭 가정이 정착하는 교외 지역이 됐다.

19세기에 독일 이민자들이 처음 정착한 돌턴은 제2차 세계대전 이후 도시의 높은 생활비를 피해 사람들이 모여드는 다문화 용광로와 같았다. 이탈리아인, 아일랜드인, 폴란드인들도 이곳을 자신들의 보금자리로 삼았다. 1945년 프레보스트의 아버지 루이스는 해군 대위로 복무를 마치고 시카고로 돌아왔다. 그는 지중해에서 근무했고 프랑스 노르망디 상륙작전에도 참전한 군인이었다. 해외에서 15개월간의 복무를 마치고 돌아온 그는 초등학교 교사가 됐고, 친구들이 '밀리'라고도 부르던 매력적인 여성 밀드러드와 교제를 시작했다. 밀리는 그보다 여덟 살 연상이었고 당시로서는 드물게 교육학 학사 학위를 소지하고 있었으며 드폴대학교에서 대학원 과정까지 수료한 인물이었다. 두 사람은 결혼해 시카고시 경계에서 불과 800미터 떨어진 141번가 동쪽 212번지에 소박한 집을 마련했다.[98] 그곳은 당시 급속히 확장되고 있던 노동자 계층의 주거 지역 중 하나였다.[99]

방 세 개가 딸린 약 21평 규모의 단층 붉은 벽돌집은 훗날 세 아들 루이스, 존, 로버트가 자란 어린 시절의 집이 됐다. 이러한 배경은 이 지역에서 그리 특별한 것이 아니었다. 그들은 소박하고 성실했으며, 자부심과 근면함으로 살아가는 이들이었다. 한편 가문의 배경에는 다양한 경험이 깃들어 있기도 했다. 루이스의 부모는 프랑스에서 태어나 미국으로 이주했고, 밀리의 부모인 조지프 마르티네스와 루이즈 바키에는 크리올^{Creole}[4] 사람들의 후손으로,

---

[4] 아메리카나 카리브해 지역의 식민지에서 태어난 유럽계 후손을 지칭하는 용어로 특히 미국 루이지애나주 뉴올리언스에서 프랑스계, 스페인계, 아프리카계 등이 혼합된

20세기 초에 뉴올리언스를 떠나 시카고로 이주했다. 어떤 기록은 그들을 흑인 혹은 혼혈mulatto로 분류하고 있다.[100] 다시 말해 프레보스트의 가정은 다문화적이고 복잡한 가계도를 지닌 전형적인 미국 가정이었다.

집에서 밀리는 아들들에게 다림질하는 법뿐만 아니라 요리하는 법을 가르쳤다. 특히 자신이 가장 좋아하는 굴라시[5]와 피자를 비롯한 요리들을 직접 가르쳤다.

시 경계 바로 너머에는 성모승천성당이 자리 잡고 있었다. 성모 마리아상이 두 팔을 활짝 벌려 모든 이들을 환영하듯 지켜보고 있는 이 성당은 시카고에서 이주해 온 많은 이들에게 신앙과 공동체의 중심지였다. 이곳은 활기찬 사회적·종교적 안식처였을 뿐만 아니라 그들이 떠나온 도시와의 연결 고리가 되어주었다. 프레보스트 형제들은 성당이 운영하는 학교에 다녔고, 아버지는 성당의 교리교사로 봉사했다. 어머니는 성당의 중심인물로 성당 지하에 도서관을 여는 일을 도왔으며 성가대, 제대회, 묵주기도 활동에 적극적으로 참여했다.[101]

1950년대에 건립된 이 성당은 지역 공동체의 주요 모임 장소

혈통과 문화를 가진 사람들을 지칭한다.

5 간 쇠고기ground beef, 마카로니, 토마토소스를 함께 볶거나 끓여 만든 요리로 미국 중서부나 남부 지역의 대표적인 시골식 저녁 메뉴다.

였다. 스테인드글라스 창문들은 성인들의 생애와 복음 속 이야기를 20세기 중반의 현대적 감각으로 표현하고 있었다.

프레보스트의 가족과 그 시절의 친구들은 그가 특별히 성당에 이끌렸다고 기억하며, 마치 처음부터 사제가 될 운명인 사람처럼 보였다고 회상한다.

프레보스트의 두 형은 경찰과 도둑 놀이를 하거나 야구를 하며 뛰어노는 보통의 장난기 많은 소년들이었지만, 막내 프레보스트를 '롭'이라는 애칭으로 불렀던 형 루이스는 롭이 늘 '신부 놀이'를 하고 싶어 했다고 기억한다. 형들이 함께 놀자고 권해도 어린 롭은 보다 차분하고 경건한 성격이었다. 루이스는 훗날 이를 두고 "정말 지루했어요!"라며 농담하곤 했다.[102]

신부 놀이는 가족 사이에서만 하는 것이 아니었다. 프레보스트의 친구였던 홀리 밥링크는 훗날 이렇게 회상했다. "우리는 미사 놀이를 했어요. 성체 모양의 과자를 가져와서 그것을 쪼개 나눠주곤 했죠."[103]

프레보스트의 또 다른 어린 시절 친구 존 도니는 훗날 미래의 교황에 대해 이렇게 회상했다. "아주 어릴 적부터 알 수 있었어요. 그에게는 다른 아이들에게서는 흔히 볼 수 없는 친절함과 연민이 있었거든요. 로버트에게서는 그런 모습이 늘 드러났죠."[104]

성당 학교에서 함께 공부했던 메리앤 앙가콜라는 그의 놀랍도록 훌륭한 노래 실력을 기억하고 있었다. 그녀는 그가 "사람들을 아끼고, 모든 것에서 좋은 점을 찾으려 했다"며, "그는 그 학교의 모든 신부님과 수녀님의 자랑이자 기쁨이었다"고 말했다.[105]

어린 시절 프레보스트를 지켜본 사람들에게는 이 모든 것이 익숙한 사실이었다. 한 이웃은 그가 여섯 살일 때 훗날 그가 최초의 미국인 교황이 될 것이라고 말하기도 했다.[106]

성모승천성당에서 프레보스트는 성가대에서 노래했고, 동네의 대부분 소년들이 그러했듯이 미사 복사[6]로 봉사했다. 이처럼 그가 성장한 곳은 가톨릭 정신이 일상의 모든 부분에 스며들어 있는 곳이었다.

성모승천성당은 수십 년 뒤 문을 닫게 됐다. 돌턴의 인구 구성이 변하면서, 즉 가톨릭 가정들이 다른 교외 지역으로 이주하게 되면서, 한때 활기찼던 본당의 주일 미사 참여자가 2011년에는 약 125명에 불과하게 됐기 때문이다. 시카고 대교구는 이 성당을 인근 다른 성당과 합병하고 건물을 매각했다.[107]

이러한 배경을 생각하면, 프레보스트가 교황으로 선출된 날 성 베드로 광장에 모인 군중과 함께 성모송을 바친 것은 놀라운

---

6 사제가 미사를 집전할 때 종을 치거나 물과 포도주 등을 가져다주는 역할을 하는 봉사 그룹을 의미한다. 한국에서는 보통 첫 영성체를 하는 초등학교 3학년부터 중학교까지의 아이들이 봉사한다.

일이 아니다.

그날 돌턴에서도 어린 시절의 프레보스트와 미사에 함께했던 이들을 포함한 지역 가톨릭 신자들이 폐쇄된 성당을 일종의 순례지처럼 찾아갔다. 대부분의 가구는 이미 치워져 있었고, 일부 벽에는 낙서가 있었지만 스테인드글라스 창은 놀랍도록 온전했다. 사람들은 그것을 보며 감탄했다. 어린 프레보스트가 수많은 주일 미사에 참석해 바라보았을 창 중 하나는 복되신 성모님을 묘사한 것이었고, 또 다른 창에는 초대 교황 성 베드로의 상징인 교황의 열쇠 두 개가 교차된 모습이 그려져 있었다. 이 창문은 햇빛을 받아 아름답게 빛나며 즉흥적으로 순례에 나선 사람들에게 특별한 의미를 시사하고 있었다.[108]

아우구스티노의 정신을 계승한 목자

프레보스트의 성소 의식은 점차 깊어졌다. 그는 중학교 2학년 무렵부터 이미 사제직을 향한 길에 들어섰다. 고등학교 시절 그는 미시간주에 위치한 성 아우구스티노 고등학교에 진학했는데, 이곳은 사제성소를 지망하는 청소년들을 위한 소신학교였다. 형제들은 그를 그리워했지만, 독실한 신앙을 지닌 어머니는 막내아들이 사제직을 꿈꾸고 있다는 사실에 크게 기뻐하며 격려와 축복을 보냈다.[109] 미시간에서의 학업 기간 동안 프레보스트는 자신의 전 생애를 결정지을 아우구스티노 수도회에 완전히 몰입하게 됐다.

13세기에 창립된 이 수도회는 5세기로 거슬러 올라가 그 기원을 히포의 성 아우구스티노에게서 찾을 수 있다. 사실 본래 아우구스티노라는 인물은 성인이라고는 할 수 없는 인물이었다.

성 아우구스티노는 고전으로 자리 잡은 저서 《고백록》에서 세속적 즐거움을 거리낌 없이 누렸던 과거의 쾌락주의적 생활 방식에 대해 솔직하게 기록하고 있다. 그는 "주님, 저에게 정결과 자제력을 주시옵소서. 하지만 아직은 아니게 하소서!"라는 기도로 잘 알려진 방탕한 삶의 기도를 남기기도 했다. 쾌락적인 삶에 대한 유혹에도 불구하고, 혹은 어쩌면 그로 인하여 그는 400년경 훗날 〈아우구스티노 규칙서〉라 불리게 될 규범을 제정했다. 이 규범은 1,600여 년 동안 전 세계 수도 생활의 틀을 잡는 데 기여했으며, 아우구스티노회를 비롯한 도미니코회, 노르베르토회 등 여러 수도회에 영향을 미쳤다. 이 규범은 청빈, 정결, 순명이라는 서원을 어떻게 실천할 것인지에 대한 지침을 제공하고 공동생활의 기본 원칙을 제시했다. 그 핵심에는 '사랑과 진리, 그리고 일치를 통해 하느님을 추구하기 위한 공동체 생활'이라는 궁극적 목표가 자리하고 있었다.

아마도 이러한 엄격하고 질서 잡힌 생활 방식이 프레보스트가 필라델피아 근교에 있는 아우구스티노회 설립 빌라노바대학교에 진학했을 때 수학을 전공하게 된 이유일 것이다. 그의 대학 동창들은 그를 근면하고 사려 깊으며 친절한 학생으로 기억한다. 1977년 졸업 앨범 속 그는 어두운색의 정장과 넥타이를 착용하고 있다. 이는 베트남 전쟁 반대 시위로 혼란스러웠던 당시 유행한 타이다이[tie-dye][7] 셔츠 차림의 다른 학생들 사진과 극명한 대비를 이룬다. 프레보스트의 친구이자 1년 후배인 앤서니 피조[Anthony Pizzo](현 미국 중서부 아우구스티노회 관구장)는 그가 친구를 잘 사귀고 사교 행사를 능숙하게 조직하던 인물이었다고 회상한다. 프레보스트는 방학이 되면 시카고 지역 출신의 동료 세 명을 자기 차에 태우고 열두 시간에서 열네 시간에 달하는 길을 직접 운전하곤 했다. 피조는 "그는 그런 긴 운전을 정말 좋아했어요"라고 말했다.

빌라노바대학교를 졸업한 후, 프레보스트는 미주리주 세인트루이스에 위치한 아우구스티노회 수련원에 입회했다. 수련 기간 동안 미래의 수도자들과 사제들은 영적 성찰에 전념하며 자신이 수도 성소에 적합한지를 식별하는 과정을 거친다. 이는 규칙적

---

7 옷을 염색하는 기법이다. 천의 일부를 실이나 고무줄 등으로 묶은 다음 염료에 담그면, 묶인 부분에는 염료가 스며들지 않아 독특하고 불규칙한 패턴이 만들어진다. 1960년대 후반 미국 내에서 베트남전쟁에 대한 회의로 젊은이들의 반전 운동이 거세게 일어났을 때 기존 질서에 저항하는 히피 문화와 반전 운동, 자유주의 운동의 상징적인 패션이었다.

인 생활을 기반으로 하며 성무일도와 미사, 공동 식사, 〈아우구스티노 규칙서〉 독서와 학습, 다양한 봉사 활동과 가사 노동을 포함한다. 어린 시절 형들의 권유에도 놀이에 잘 어울리지 않던 이 청년은 수도회의 생활 리듬이 자신에게 완벽하게 맞는다는 것을 알게 됐다. 수련원 입회 1년 후인 1978년 9월 2일, 그는 아우구스티노회에서 첫 서원[8]을 했다.

아우구스티노회의 젊은 수도자 프레보스트는 신학을 공부하기 위해 고향 시카고로 돌아와 가톨릭 신학연합Catholic Theological Union에 입학했고, 이후 교회법을 전공하기 위해 로마로 향했다. 1982년 그곳에서 그는 사제 서품을 받았다. 서품식은 벨기에 출신의 전설적인 대주교 장 자도Jean Jadot의 주례로, 성 베드로 광장에서 아주 가까운 곳에 있는 아우구스티노회 성 모니카 대학Augustinian College of Saint Monica에서 거행됐다.

자도 대주교는 1973년부터 1980년까지 교황 바오로 6세의 미국 교황대사로 재직했으며, 프레보스트의 서품 당시에는 다소 낯선 명칭의 '교황청 비그리스도교 사무국'의 의장을 맡고 있었다. 그는 미국 대사로 활동하던 시절, 미국 주교단에 지워지지 않

---

[8] 수도회에 입회한 수련자가 처음으로 하느님께 청빈·정결·순명을 약속하는 예식으로, 하느님과의 계약이 시작되고 수도 공동체의 정식 일원이 되는 영적 전환점이다. 첫 서원 이후 수련자의 신분은 '수도자'로 바뀐다.

을 흔적을 남겼다. 시애틀의 반전 운동가 레이먼드 헌트하우젠 Raymond Hunthausen, 샌프란시스코의 개혁 성향 주교 존 퀸 John Quinn 등 당시로서는 프란치스코 교황의 사목적 지향을 미리 구현한 듯한 인물들을 주교로 발탁해 새로운 세대의 미국 주교단을 형성하는 데 크게 기여했다. 프레보스트의 머리에 손을 얹으며 사제 서품을 주는 동안, 그는 자신이 훗날 교황이 될 사제를 서품하고 있다는 사실을 미처 알지 못했을 것이다.

사제가 된 후 프레보스트는 선교지로 파견됐다. 그는 1985년 페루의 출루카나스에 도착했는데 이곳은 도자기, 기후 변화, 그리고 가톨릭 신앙이라는 세 가지 특징을 지닌 곳이었다. 흑백 도자기는 과거와 현재를 막론하고 이 지역의 유명한 생산품이지만, 도자기가 아닌 사람들의 마음과 정신을 빚기 위해 파견된 젊은 아우구스티노회 수사에게는 큰 의미가 없는 것이었다. 이 지역은 레몬, 망고, 옥수수가 풍부했지만 간헐적으로 찾아오는 엘니뇨 현상의 폭우로 심각한 피해를 입곤 했다. 이는 건조한 기후 속에서 유일한, 하지만 달갑지 않은 휴식을 제공하곤 했다. 그가 파견된 성당은 1960년대부터 아우구스티노회 사제들이 활동한 곳으로 풍요로운 전통을 가지고 있었지만 물질적 자원은 부족한 곳이었다. 매년 5월 열리는 '십자가 축일 Fiesta de las Cruces'은 예수 그리스도의 부활을 기념하는 가장 중요한 행사로, 춤과 토속 음식이 축제를 장식했다. 또한 멕시코의 과달루페 성모에 해당하는 〈기적의 주님$^{\text{Señor de los Milagros}}$〉 성화는 특별한 신심의 대상으로 거의 모든 성당, 가정, 심지어 차량에서도 찾아볼 수 있었다. 본당 밖에서는 해방신학[9]의 정신이 강하게 살아 있었고, 교회 지도자들은 정치적·경제적 불의에 맞서 가난한 이들과 연대하는 것을 자신의 사명으로 여겼다. 프레보스트는 급진적인 성향은 아니었지만, 나중에 이 당시 자신의 사목 활동 중에는 설교 못지않게 자동차 수리와 같은 일도 많았다고 회상했다. 바로 이곳에서 그는 훗날 교황 프란치스코가 자주 언급한 '하느님의 거룩하고 충실한 백성'의 정신을 깊이 받아들이기 시작했다. 이 충실한 백성은 어려운 환경 속에서도 단순하고 소박한 신앙을 실천하고 있었으며 지역의 관습과 전통, 토속 신앙을 바탕으로 영원한 생명을 궁극적 목표로 삼고 있었다.

1964년 처음으로 이 지역에 존 맥냅$^{\text{John McNabb}}$ 주교가 파견됐을 당시, 이곳에는 전기와 전화선이 없었고 도로도 거의 깔려 있지 않았다. 아우구스티노회 소속이었던 맥냅 주교는 스페인어를 유창하게 하지 못했지만, 사람들의 토속 신앙에 깊이 매료됐다. 이

---

[9] 1960년대 후반 라틴아메리카에서 시작된 신학 운동이다. 핵심은 '가난한 이들을 위한 우선적 선택', '실천으로서의 신학'으로 요약할 수 있다. 이는 사회 구조적 죄악과 제도적 불의에 대한 신학적 성찰을 통해 그리스도교 신학에 유의미한 영향을 주었다. 그러나 한편으로 영적 구원보다 세속적인 해방에 지나치게 집중하는 급진적인 성향은 바티칸의 주의를 받기도 했다.

는 완전히 새로운 경험이었지만 가톨릭교회 전반에서 일어나고 있던 커다란 흐름과 깊이 맞닿아 있었다. 바로 그해 교황 바오로 6세는 제2차 바티칸 공의회의 핵심 문헌 중 하나인 교회헌장 〈인류의 빛Lumen gentium〉을 반포했으며, 맥냅 주교는 공의회 현장에 참석하고 있었다. 이 문헌은 교회가 "하느님의 백성"임을 선언하고 모든 세례받은 이들이 교회 생활에 더욱 적극적으로 참여할 것을 요청했다.[110] 로마에서 돌아온 그는 이러한 정신을 자신의 사목 현장에서 실현하고자 했고, '새로운 성당의 이미지New Image of the Parish'라는 프로그램을 시작했다. 사제가 지도자 역할을 하고 신자들이 그의 필요를 채워주는 데 익숙한 문화 속에서, 맥냅 주교는 사제와 신자가 서로 협력하는 환경을 만들고자 했다. 평신도들이 사목의 공동 책임자가 되기 위해서는 충분한 신앙 교육이 필요하다고 믿었던 그는 성경뿐만 아니라 공의회 문헌과 교황 회칙 등을 직접 가르쳤다. 프레보스트가 사제로서 이곳에 도착했을 때, 그는 이 프로그램을 전적으로 받아들이며 이것이 사목 활동의 결정적 방향이 되어야 한다는 데 동의했다.

　　잠시 동안의 사목 활동 이후, 일반적으로 '안젤리쿰Angelicum'이라 알려져 있는 교황청립 성 토마스 아퀴나스 대학에서 교회법을 공부한 뒤, 프레보스트는 다시 페루로 돌아갔다. 그는 페루 북서부에 위치한 트루히요라는 도시의 지역 신학교에서 교회법을 가르쳤고, 마을 외곽의 한 본당을 맡아 사목했으며, 동시에 지역 교회 법원에서도 근무했다. 이러한 직무들은 단순히 경력을 채우기 위한 것이 아니었다. 마치 로마에서 엘리트 교육을 마친 뒤 다시 파견된 것처럼 보였지만, 정작 깨달음을 얻은 사람은 프레보스트 자신이었다. 그는 훗날 이렇게 회고했다. "제 삶에 가장 큰 영향을 미친 것은 바로 페루에서의 사목 경험이었습니다." 그는 2024년 8월, 시카고 교외의 한 성당에서 선교 사목에 대해 이야기하며, 젊은 사제 시절의 선교 활동이 거의 모든 일을 새롭게 배워야 하는 과정이었다고 회상했다. 그는 이렇게 말했다. "페루에서 사목하며 제 자신이 얼마나 큰 선물을 받았는지 말로 다 표현할 수 없습니다. 저는 모든 사제가 어디서 사목하든 저와 같이 말할 수 있기를 바랍니다. 우리가 타인을 섬기기 위해 삶과 마음을 열 때, 복음서에 기록된 대로 이 세상에서 백 배의 보상을 받는다는 사실을 확신합니다. 제게는 그것이 정말 그대로 이루어졌습니다."[111]

  10여 년 이상 페루에서 사목 활동을 하던 프레보스트는 동료 수도사들에 의해 시카고 관구의 아우구스티노회 관구장으로 선출됐다. 그가 맡게 된 관구에는 약 120명의 수도자들이 있었다. 관구장은 권한이 큰 직책이었지만 결코 화려한 자리는 아니었다. 현 관구장인 피조 신부는 "관구장은 사실상 CEO와 같은 역할입니다"라고 말했다. 인사와 재산 관리에 직접 관여해야 할 뿐 아니라 공동체의 영성 생활에 대한 책임도 져야 하기 때문이다. 또한 이 역할은 성당 운영, 학교 관리, 그리고 페루와 같은 해외 선교 활동까지 감독해야 하는 막중한 임무를 포함하고 있었다.

이 기간 동안 프레보스트는 자신의 관리 역량을 더욱 발휘했다. 피조 신부의 회고에 따르면 그는 결단력이 있으면서도 폭넓게 의견을 자문하고 모든 목소리를 경청하는 지도자였다. 이러한 모습은 두 사람이 20대 시절 함께 신학교 생활을 하던 때에도 이미 돋보였다. 당시 청빈 서약을 한 피조 신부는 유일한 구두 한 켤레를 닳도록 신어 시카고의 비와 눈이 그대로 신발 안으로 스며들 정도가 됐다. 그는 재정 담당자에게 새 구두를 살 수 있는지 조심스럽게 문의했으나 돌아온 대답은 "정말 필요합니까?"라는 애매한 반응이었다. 거절은 아니었지만 그렇다고 허락도 아니었다. 그날 저녁 그는 이 난처한 상황으로 부모님께 폐를 끼치고 싶지 않다는 걱정을 프레보스트에게 털어놓았다. 그러자 그는 주저 없이 "가서 새 구두를 구입하렴. 돈이 필요하면 내가 빌려줄게. 그리고 영수증을 재정 담당자에게 제출하면 될 거야"라고 조언했다.

피조 신부는 이 일을 회상하며 말했다. "우리는 성 아우구스티노의 규칙에 따라 살아갑니다. 필요가 있으면 그에 대응하는 것이지요. 그리고 프레보스트는 저에게 신발이 정말로 필요하다는 것을 알고 있었습니다. 저는 그의 조언을 따랐고, 실제로 재정 담당자는 단 한 마디도 묻지 않았습니다. 그는 매우 분별력 있는 사람이었습니다."

이러한 그의 성품은 다른 이들이 보기에도 마찬가지였다. 수도회에서 차기 지도부를 선출하는 총회가 열렸을 때, 전체 수도자들은 로마에 있는 전 세계 아우구스티노회 총원장으로 그를 선출했다. 그가 선출된 날은 2001년 9월 14일로 그의 생일이자 미국에서 발생한 9·11 테러 사태로부터 불과 사흘이 지난 뒤였다. 현 아우구스티노회 부총장이자 그의 동료였던 조지프 패럴Joseph Farrell 신부는 프레보스트가 당시 로마에서 고국의 쌍둥이 빌딩이 무너지는 장면을 지켜보며 느낀 고통을 자주 회상하곤 했다고 회고했다. 이제 그는 더욱 급변하는 복잡한 세상에서 선교사들을 양성해야 하는 과제를 맡게 된 셈이었다.

로마의 총원에서 그는 전 세계 약 50개국에서 활동하는 회원 3,000여 명을 감독했다. 재임 기간 동안 그는 성 베드로 광장 맞은편에 있는 본부 건물의 대규모 개보수 사업을 진행했지만, 실제 생활의 상당 부분을 전 세계의 관구를 직접 방문하며 현장을 살피는 데 할애했다. 이러한 여정은 전 세계 교회의 현실을 직접 경험하는 귀중한 기회가 됐다. 그가 맡은 직무의 행정적 업무는 방대했다. 각 관구의 관구장을 임명하고, 수도회의 재정 건전성을 확보하며, 바티칸과 전 세계 주교들 앞에서 수도회를 대표해야 했다. 한번은 부에노스아이레스의 호르헤 마리오 베르고글리오 추기경과 의견 충돌을 겪은 적도 있었다. 이후 2013년 베르고글리오가 프란치스코 교황으로 선출됐을 때, 프레보스트는 동료 아우구스티노회 회원들에게 농담 삼아 "다행히도 이전의 의견 충돌로 인해 나는 절대 주교가 될 일이 없다는 보장을 받았다"라고 말하곤 했다.

복잡한 행정 절차와 과중한 업무에도 불구하고, 프레보스트는 모국어인 영어 외에도 스페인어, 이탈리아어, 프랑스어, 포르투갈어를 구사하는 천부적인 언어 능력 덕분에 업무를 한결 수월하게 수행할 수 있었다. 2007년 회원들은 그를 다시 총장으로 선출했고, 재선이 된 그는 가능한 한 많은 회원들을 직접 만나기 위해 활발한 순회 방문을 이어갔다. 아우구스티노회는 아시아와 태평양 지역에서 빠르게 성장하고 있었으나, 북미와 서유럽에서는 입회자가 급감하고 있었다.

패럴 신부는 "그가 아우구스티노회라는 큰 배를 이끌며, 새로운 성소를 육성하는 일과 고령의 수도자들이 건강을 유지하도록 돕는 두 가지 일을 균형 있게 수행하려고 애썼다"고 회상했다.

2013년 두 차례의 임기를 마친 그는 시카고로 돌아가게 됐다. 프레보스트는 마침내 다시 사목자의 삶으로 돌아갈 수 있다는 사실에 안도감을 느꼈다.

프레보스트는 미국 중서부 출신이었지만, 그의 세계관이 본격적으로 형성되기 시작한 곳은 페루 피우라 지역의 구릉지 마을들이었다. 그가 1985년에 선교 활동을 시작한 이곳은 폭우로 차라날강이 범람하면 극심한 홍수로 인해 필수 식량과 의료품 공급이 단절될 뿐 아니라 농업 기반마저 파괴되는 곳이었다.

그의 유년 시절 환경이 결코 부유했다고는 할 수 없었지만, 기본적인 생활 여건이 풍족했던 미국 중서부의 세계와 페루의 현실은 극명하게 대비됐다. 하지만 프레보스트는 노동자 계층 출신이었으므로 페루의 근면하고 소외된 서민들의 삶에 훨씬 더 깊이 공감할 수 있었다. 이는 미국 가톨릭교회의 사목적 배경과는 사뭇 다른 모습이었다. 가톨릭 사회 교리는 항상 '가난한 이들에 대한 우선적 선택'을 강조해왔지만, 미국 내 프란치스코 교황의 비판자들은 이 아르헨티나 출신 교황이 자유시장 경제를 이해하지 못한다고 주장하곤 했다. 프란치스코 교황이 즉위 후 발표한 첫 번째 주요 문헌인 〈복음의 기쁨〉에서 "돈은 봉사해야지 지배해서는 안 됩니다!"라고 썼을 때, 많은 이들이 그를 비판적으로 바라보며 신학에나 전념하라는 반응을 보였다.

프란치스코 교황은 이렇게 주장했다. "교황은 부유한 이들과 가난한 이들 모두를 사랑하지만, 부유한 이들에게 가난한 이들을 돕고 존중하며 그들의 발전을 도모해야 한다는 것을 그리스도의 이름으로 상기시킬 의무가 있습니다."[112] 프란치스코에게 이것은 단순한 경제 정책이 아니라 복음 그 자체였다.

프레보스트는 그의 사무실에서 나와 만났을 때, 프란치스코 교황을 향한 미국 가톨릭교회의 이러한 반발의 정서를 정확히 짚어냈던 것이다. 해마다 교황청에 가장 많은 재정적 지원을 하는 나라의 신자들로서, 미국 가톨릭 신자들은 이전 교황들이 자신들에게 소위 레드 카펫을 깔아주는 것에 익숙해져 있었다. 그러나 프란치스코 교황은 미국을 단 한 번만 방문했고, 미국식 자본주의에 불편함을 느끼고 있었다. 오히려 그는 마지막 문헌들 가운데 하나에서 탄소 배출 감축 실패를 지적하며 미국을 직접적으로 거론했고, 대기업을 강하게 비판할 기회가 생기면 심지어 즐거워하는 것처럼 보였다. 미국 가톨릭 신자들은 교황의 꾸짖음을 받는 상황에 익숙하지 않았다. 첫 만남 이후, 바티칸 기자와 관계자들이 공식 업무 후 갖는 리셉션이나 만찬 자리에서 프레보스트 추기경과 나는 언제나 그 첫 대화의 주제를 다시 꺼내곤 했다.

2025년 2월, 프란치스코 교황은 여러 가지 감염과 싸우며 한 달 이상을 이탈리아의 병상에서 보내게 됐다. 당시에는 알지 못했지만, 그 몇 주간의 시간은 불과 몇 달 뒤 교황이 선종한 후 맞이할 시간의 일종의 예행연습이었다.

다른 바티칸 기자들과 마찬가지로 나는 그 몇 주 동안 프란치스코 교황의 뒤를 이을 인물을 예측하는 데 몰두했다. 항상 거론되는 몇몇 이름이 있었다. 많은 이들이 차기 교황으로 손꼽던 이탈리아 출신 국무원장 피에트로 파롤린 추기경이 있었고, 솔직하게 감정을 표현하며 대중을 사로잡는 매력을 지닌 '아시아의 프란치스코' 루이스 타글레 추기경도 있었다. 하지만 교황이 될 만한 추기경들의 이름을 하나하나 짚어보는 동안, 내 생각은 처음 프레보스트를 만났던 순간으로 되돌아가곤 했다. 그의 성격은 프란치스코 교황과 차이가 있었고 출신 역시 미국이었지만, 나는 그가 실제로 교황이 될 가능성이 있다고 느꼈다. 그래서 나는 그의 이름을 목록에 올리고 콘클라베를 준비할 때 발표할 프로필 작성에 착수했다. 이 작업은 훗날 아주 유용할 것이었다.

프란치스코 교황의 장례식과 콘클라베 사이의 몇 주 동안, 나는 여러 인터뷰와 기사에서 프레보스트 추기경이 차기 교황이 되기에 충분히 강력한 이유가 있으며, 이는 그가 미국 출신이라는 우려를 불식시킬 수 있다고 강조했다. 그리고 5월 8일, 그가 성 베드로 대성당 발코니에 교황으로 모습을 드러내 전 세계를 놀라게 했을 때 나는 나의 확신이 입증된 것에 만족감을 느꼈다. 그리고 프랑스 출신의 도미니크 맘베르티 Dominique Mamberti 추기경이 그가 선택한 새 교황명이 '레오 14세'라고 발표했을 때, 나는 미소를 지으며 2년 전 첫 만남 때의 그의 모습을 다시금 떠올렸다. 당시 그는 세상과 교회 내부의 일부 사람들이 그리스도의 메시지의 핵심을 외면하고 있는 현실에 깊이 마음 아파하고 있었다.

새로운 교황명의 의미

때는 1891년이었다. 세계 금융의 중심지였던 런던은 산업이 급속도로 발전하고 있었으나 빈부 격차가 점점 심화되고 있었다. 노동자들이 처한 가혹한 근로 환경은 극에 달했고, 결국 많은 이들이 하이드 파크에서 여덟 시간 노동제를 요구하는 파업과 집회를 벌였다.

프랑스에서는 에펠탑 건설이 시작됐다. 이 놀라운 구조물은 인류 문명의 위대함을 세상에 보여주기 위한 것이었지만 사실 노동자들의 작업 환경은 위험천만했고 위생적이지 않았다. 이러한 환경은 경이로운 문명을 가능하게 만든 노동자들의 생명을 위협하고 있었다.

뉴욕의 경우 도금 시대가 도래해 소수에게 당시로서는 상상할 수 없던 부를 가져다주었지만, 동시에 이민자 착취가 만연했다. 제이컵 리스Jacob Riis가 1890년에 발표한 책 《세상의 절반은 어떻게 사는가》에 기록된 바와 같이, 절망적인 주거 환경은 도시 개혁에 대한 광범위한 요구를 불러일으켰다. 세계화가 진행되고 있었지만 사회적 불안이 극심했으며 일각에서는 사회, 경제, 정치와 같은 기존의 모든 체제가 붕괴될 것을 우려하고 있었다.

이러한 상황 속에서 레오 13세 교황은 새로운 문헌을 발표하며 본격적으로 이 문제에 뛰어들었다. 그는 교황의 모든 권위를 동원해 "소수의 거대한 부와 대다수가 처한 극도의 빈곤"[113]을 단호히 규탄하며 급변하는 세상에 사회 교리를 반포했다.

1891년 발표된 기념비적인 문헌 〈새로운 사태Rerum Novarum〉는 가톨릭 교리 선언에서 가장 높은 권위를 지닌 '회칙'의 형태로 반포됐다. 이 회칙에서 레오 13세 교황은 소수만이 자본을 독점하는 당시의 경제 구조를 거부했다. 약 1만 4,000단어에 걸친 이 문헌에서 그는 노동조합의 결성, 노동자의 정당한 임금, 더 안전하고 나은 노동 환경의 필요성을 지지했다. 혁신의 시대에 교황은 교회가 누구의 편에 서 있는지를 분명히 했다. 곧, 노동자의 권리는 하느님께서 부여한 인간 존엄성 때문에 국가가 반드시 보호해야 한다는 것이었다.[10]

레오 13세는 "모든 인간은 평등하다. 여기에는 부유한 자와

---

[10] 당시의 2차 산업혁명은 기술적 비약을 이룩했으나 수많은 노동 계급(프롤레타리아)을 탄생시켰다. 장시간 노동, 저임금, 아동노동 등 다양한 착취가 이뤄지는 한편 부당한 처지에 놓인 이들을 위한 목소리는 미미한 가운데, 노동 운동은 마르크스주의의 잔재라 여겨져 이에 대한 사회적 인식이 부정적이었다. 이때 레오 13세는 회칙을 통해 폭력과 체제의 전복을 위한 노동 운동이 아닌 정의를 위한 사랑의 정신에서 시작되는 새로운 노동 운동을 언급한 것이다.

가난한 자, 주인과 종, 지배자와 피지배자의 구별이 없다. '모든 이의 위에 계신 주님'은 한 분이시기 때문이다"라며 "하느님께서 친히 존중하시는 인간 존엄성을 어느 누구도 함부로 훼손해서는 안 된다"[114]고 선언했다. 이 문헌의 영향력은 가히 혁명적이었다. 〈새로운 사태〉는 훗날 미국 프랭클린 D. 루스벨트 대통령의 뉴딜 정책의 틀을 마련하는 데 영감을 주었고, 폴란드 공산주의 정권을 종식시키는 '연대 운동'에도 영향을 주었다.

레오 13세 교황은 정치적 혼란의 시대에 도덕적 목소리를 높인 5세기의 성인, 레오 대교황에게서 영감을 얻었다. 레오 13세는 급변하는 사회를 틈타 세상을 재편하려는 여러 세력들을 바라보며, 이러한 혁명이 대중에게 초래한 고통을 교회가 증언해야 한다고 결심했다. 그리고 그로부터 한 세기가 흐른 뒤 또 다른 교황이 이러한 역할을 이어받기로 결심했다. 이 역할을 맡은 이는 아무도 예상하지 못했던 시카고 남부 출신의 69세 남성이었다.

"일 파파 아메리카노!"

2025년 5월 9일 교황 레오 14세 선출 하루 뒤, 이탈리아의 3대 주요 일간지인 〈코리에레 델라 세라Corriere della Sera〉, 〈일 메사제로Il Messaggero〉, 〈라 레푸블리카La Repubblica〉는 모두 동일한 제목을 1면에 실었다. "일 파파 아메리카노!Il Papa Americano!(미국인 교황!)"

그들만 그런 것은 아니었다.

이 문장은 성 베드로 대성당 발코니에 새 교황이 모습을 드러낸 직후, 로마에 있는 내 아파트의 연로한 이웃과 관리인이 내게 문자로 보낸 것이기도 했다. 앞서 비이탈리아인, 즉 폴란드인(요한 바오로 2세), 독일인(베네딕토 16세), 아르헨티나인(프란치스코)이 연이어 교황직을 맡은 뒤라 다시 이탈리아 출신이 교황이 되기를 바라는 분위기가 있었다 하더라도, 그 놀라움은 이미 이탈리아 전역을 뒤덮고 있었다.

당연히 미국에서도 이 소식은 너무나 놀라운 것이었다.

추기경단이 휴대전화, 태블릿, 신문, TV 등의 모든 언론과 차단된 채 콘클라베에 들어간 바로 그날, 나는 〈포린 폴리시Foreign Policy〉에 〈콘클라베는 미국인 교황을 선출할 것인가?〉[115]라는 제목의 글을 실었다. 이 질문은 추기경들이 교황을 선출하기 위해 모일 때마다 기자들, 특히 미국 기자들이 즐겨 던지는 질문이었다. 이 질문에 대한 답으로 나는 바티칸과 미국이 각기 별개의 영향력을 행사하는 영역을 가리켜 '평행 제국parallel empires'이라는 용어를 만든 이탈리아 언론인 마시모 프랑코Massimo Franco의 연구를 소개했다.

바티칸과 미국의 관계는 역사적으로 순탄치 않았다. 〈새로운 사태〉가 발표되고 8년이 지난 뒤인 1899년 레오 13세 교황은 소위 '아메리카니즘Americanism'[11]을 이단으로 규정하기까지 했다. 그렇다고 해서 교황이 미국에 무조건 적대적이었던 것은 아니며 오히려 그 반대였다. 그보다 10년 전 그는 미국가톨릭대학교Catholic University of America의 설립을 승인했으며 이 교육 기관이 미국의 복음화에 크게 기여할 것이라 믿었다.[116] 그러나 다른 한편으로 레오

---

11 레오 13세 교황이 1899년에 발표한 서한 〈우리 선의의 증거Testem Benevolentiae Nostrae〉에 처음으로 등장한 용어다. 레오 13세 교황은 미국에 적대심이 있었던 것은 아니지만, 당시 미국 사회에 만연했던 지나친 개인주의가 가톨릭교회와 미국 사회를 모두 타락시킬 수 있다고 우려했다. 아메리카니즘의 내용은 첫째, 개인의 양심과 자유를 지나치게 강조하여 교회의 가르침과 권위를 경시하는 태도, 둘째, 하느님의 은총을 통해 얻는 초자연적 덕보다 인간의 노력과 의지로 얻는 근면·성실 같은 자연적 덕을 더 높이 평가하는 경향, 셋째, 관상과 기도 생활 같은 수도적 삶을 경시하고 활동적인 사목을 우선시하는 태도, 넷째, 사회에 적응하기 위해 일부 가톨릭 교리를 완화하거나 축소하려는 경향이다.

13세 교황은 개인주의에 과도하게 치중하는 특정한 형태의 아메리카니즘이 교회와 국가 모두를 황폐화시킬 수 있다고 우려했다.[117]

이처럼 미국과 바티칸의 관계는 때로는 호전되기도, 때로는 악화되기도 했다.

조지 워싱턴 시대부터 미국은 교황청과 영사 관계를 유지했다. 그러나 남북전쟁 이후 가톨릭 이민자들에 대한 반발로 반가톨릭 정서[12]가 고조됐고 이는 1867년 외교 단절로 이어졌다. 이러한 외교 단절은 한 세기 이상 지속됐다. 이 기간 동안 가톨릭 이민자들은 미국인으로 인정받지 못했으며, 이러한 편견은 현대까지 이어졌다. 1960년 존 F. 케네디의 대통령 선거 출마는 이러한 편견을 더욱 부각시켰다. 보스턴 출신의 젊은 아일랜드계 가톨릭 신자였던 케네디는 당선되더라도 교황으로부터 어떠한 지시도 받지 않겠다고 유권자들에게 약속했다. 이에 그는 선거 운동 기간 동안 로마와 거리를 두었지만, 당선 후에는 교황 요한 23세와 협력하여 세계를 핵전쟁의 위기에서 구하는 데 힘썼다.

당시 교황 요한 23세의 회칙 〈지상의 평화$^{Pacem\ in\ Terris}$〉는 〈뉴욕

---

12 역사적 배경은 주로 종교적 갈등과 사회경제적 요인이 복합적으로 작용한 결과였다. 19세기 중반 아일랜드 대기근과 유럽의 정치적 불안정을 피해 미국으로 이민 온 유럽인 중 대다수는 가톨릭 신자였으며, 급격한 인구 증가는 기존의 미국 개신교 주류 사회에 큰 위협으로 인식됐다.

타임스)에 전문이 실렸다. 이 회칙은 비단 가톨릭 신자들뿐만 아니라 "선의를 지닌 모든 이"에게 보낸 것이었다. 케네디 대통령은 이 회칙이 소련과의 협상에 도움이 된다고 보았으며, 백악관은 회칙 발표 전에 교황청이 교정본을 검토할 수 있도록 보내준 것에 감사를 표했다. 회칙 발표 일주일 뒤 보스턴 칼리지 연설에서 케네디는 "이 회칙은 위대한 하나의 신앙과 그 전통이 선의를 지닌 모든 사람들에게 가치 있는 공적 사안에 대한 조언이 가능함을 잘 보여준다"고 청중에게 말했다.

그리고 그는 한 걸음 더 나아가 자신의 신앙을 강조하며 이렇게 말했다. "저는 가톨릭 신자로서 이 사실을 자랑스럽게 여기며, 미국인으로서 새로운 배움을 얻었습니다."[118]

로마와 워싱턴의 관계는 계속해서 개선됐다.

1980년대 로널드 레이건 대통령과 요한 바오로 2세 교황이 소련 주도의 공산주의에 맞서고자 힘을 합쳤을 무렵, 미국과 교황청 사이의 관계 회복은 이미 상당히 진전되어 있었다. 두 사람은 1981년 불과 몇 주 간격으로 암살 시도를 겪었으며, 자신들을 역사에 맞서 서구 사회를 지키도록 하느님께서 세우신 지도자라고 여겼다. 그리고 1984년, 바티칸과 미국은 공식적으로 외교 관계를 재수립했다.

2000년 미국 가톨릭 신자들의 지지로 대통령에 당선된 조지

W. 부시 대통령은 2003년 미국의 이라크 침공을 앞두고 요한 바오로 2세 교황의 강력한 비판을 마주하게 됐다. 전쟁 직전, 병약해진 요한 바오로 2세 교황은 부시 대통령의 아버지 조지 H. W. 부시 전 대통령의 테니스 파트너였던 피오 라기[Pio Laghi] 추기경을 특사로 파견해 반대 입장을 전달했다. 이와는 반대로 당시 주교황청 미국 대사였던 제임스 니컬슨[James Nicholson]은 보수 성향의 저명한 사상가들을 초청해 강연회를 열었다. 이들은 가톨릭의 정당한 전쟁 이론 Just War Theory[13]을 활용해 이라크에 대한 '예방 전쟁'의 도덕성을 홍보했다.[119]

시간이 흘러 이러한 긴장감이 해소된 후, 부시 대통령은 베네딕토 16세 교황을 알현하기 위해 바티칸을 찾았다. 미국과 이탈리아의 언론은 두 인물이 바티칸 정원을 함께 거닐며 세계정세를 논의하는 모습을 앞다투어 보도했다. 통찰력 있는 기자들은 그

---

[13] 성 아우구스티노와 성 토마스 아퀴나스에 의해 체계화된 이론으로, 전쟁을 피할 수 없는 현실 속에서 도덕적으로 허용될 수 있는 조건을 제시하여 무분별한 폭력을 제한하려는 목적을 가지고 있다. 크게 두 가지의 핵심 원칙으로 나뉘는데 첫째는 '전쟁을 시작하기 위한 정당성'으로 정당한 이유, 정당한 권위, 정당한 의도, 최후의 수단, 성공 가능성, 전쟁을 통한 이익이 예상 피해보다 더 커야 하는 비례성 등이 조건이다. 둘째는 '전쟁 수행의 정당성'으로 전쟁 중에 지켜야 할 윤리적 기준이다. 여기에는 민간인과 군인을 구별하는 구별 원칙, 무력의 정도가 군사적 이익과 균형을 이루는 비례성이 조건이다. 하지만 현대전에서는 핵무기 등 민간인에게 막대한 피해를 입히는 무기의 등장으로 인해 '정당한 전쟁' 자체가 불가능하다는 비판과 논의가 지속되고 있다. 가톨릭교회는 정당한 전쟁 이론을 완전히 배제하지는 않지만 전쟁 자체를 비판적으로 바라보는 평화주의를 우선하고 있다.

들이 대화를 나누던 중 잠시 멈춰 선 장소가 교황이 매일 기도를 드리던 바티칸의 루르드 성모 동굴이었다는 아이러니에 대해 언급하기도 했다. 공교롭게도 아메리카니즘의 위험성을 경고했던 레오 13세 교황의 재임 시절 프랑스 가톨릭 신자들이 바티칸에 기증한 것이었기 때문이다.

케네디 대통령이 가톨릭 신앙과의 연관성을 최대한 감추려 했던 것과는 달리, 미국의 두 번째 가톨릭 신자 대통령 조 바이든은 자신의 신앙을 드러낼 때마다 기쁨을 감추지 않았다. 심지어 그는 2021년 취임 첫날 집무실 책상 뒤에 프란치스코 교황의 사진을 두었다. 같은 해 가을 바티칸에서 교황을 알현한 그는 프란치스코를 지금까지 자신이 만난 이들 가운데 "가장 위대한 평화의 전사"라고 칭송했다.[120]

바이든 행정부의 우크라이나 전쟁 확대에 대한 지지와 이스라엘 가자 지구 봉쇄 지원은 바티칸의 비판을 받았지만, 바이든은 끝내 프란치스코 교황과 원만한 관계를 유지했다. 바이든은 임기 말, 마지막 공식 행사로 프란치스코 교황에게 '대통령 자유의 메달Presidential Medal of Freedom'을 수여했다. 그리고 이에 더해 특별히 '최우수with distinction'라는 명예를 부여했다. 바이든 대통령이 '최우수' 대통령 자유의 메달을 수여한 사람은 프란치스코 교황이 유일했다.

결국 19세기의 격동에도 불구하고 바티칸과 미국의 외교 관계는 전반적으로 더욱 깊어지고 성숙해졌다고 할 수 있다. 바티칸은 군대를 소유하지 않지만 전 세계의 이목을 사로잡는 도덕적 설득의 힘을 지니고 있었다. 한편 수십 년 동안 세계 무대에서 유일한 초강대국으로 군림해온 미국은 어떠한 경쟁자도 의식하지 않으며 막강한 군사력과 경제력을 행사해왔다. 가톨릭교회가 세계적인 설교의 힘을 가지고 있다면, 미국은 경제와 군사력이라는 거대한 힘을 쥐고 있었다. 그러므로 수 세기 동안 미국에서 교황이 나올 것이라 예상하는 이는 거의 없었다.

불과 2022년까지만 하더라도 미국 내 최고위 추기경들 역시 이러한 평가에 동의했다. 현 워싱턴 대교구 대주교인 로버트 매켈로이Robert McElroy 추기경은 2022년 한 인터뷰에서 미국인이 교황으로 선출될 가능성에 관한 질문에 단도직입적으로 대답했다. "저는 미국인이 교황이 되어서는 안 된다고 생각합니다. 저는 어떤 미국인이 선출되더라도 반대할 것입니다."[121]

매켈로이 추기경의 논리는 미국 교회 전반에 널리 퍼져 있었다. 이는 미국이 이미 전 세계에 지나치게 큰 권력을 가지고 있기 때문이었다. 즉, 미국 대통령과 미국인 교황이 동시에 존재한다면 권력을 한곳에 집중시키는 인상을 줄 뿐만 아니라, 14억 신자를 지닌 교회를 이끌어가는 데 필요한 보편적 시각을 축소할 위험이 있다는 것이었다. 또한 미국인들은 모든 것을 자신들만의 관점에서 바라보는 경향이 강하다고 알려져 있었다. 반면 아시아와 아프리카에서 신자 수가 급증하고 있는 교회는 훨씬 더 보편적인 세계관을 지니고 있었다. 국제적 경험을 쌓은 일부 미국 교회의 추기경들은 다른 이들보다 이를 훨씬 더 잘 이해하고 있었다.

매켈로이 추기경은 기자들에게 "해외 경험을 하게 되면 다양한 관점을 접할 수 있고, 세상은 미국인에게 익숙한 기준과 전혀 다른 모습이라는 것을 깨닫게 된다"고 말했다. 그러면서도 그는 다음과 같이 덧붙였다. "이는 곧 미국의 기준이 잘못됐다는 의미가 아니다. 그러나 그 기준에 더해 보다 넓은 관점들이 반드시 함께 고려되어야 한다는 뜻이다."

매켈로이의 견해는 그동안의 통설을 간결하게 요약해 보여주었다. 미국 교회의 부와 영향력에도 불구하고, 어쩌면 바로 그때문에, 미국인이 베드로의 자리에 오를 가능성은 없다는 것이었다. 그러나 프란치스코 교황의 후임을 선출하기 위한 콘클라베가 열리기 직전, 로마에서는 상황이 달라진 듯 보였다. 나는 〈포린 폴리시〉에 기고하며 이렇게 썼다. "트럼프주의Trumpism의 부상과 함께, 그러한 관점은 오히려 점차 줄어드는 것처럼 보인다."

물론 미국인 교황 불가론에 대한 편견이 실제로 줄어들었다고 해도, 바티칸의 모든 이들이 이를 환영한 것은 아니었다. 사실 트럼프의 새로운 행정부는 지난 수십 년 동안 워싱턴과 로마가 유지해온 협력의 외교 정책을 완전히 포기하려는 듯 보였다. 이러한 상황에서 추기경들이 미국인 교황을 선출할지도 모른다는 생각 자체는 정치적·도덕적 권력이 과도하게 집중되는 것을 우려하는 이들의 심기를 불편하게 만들었다.

미국 부통령 J. D. 밴스Vance의 부활절 바티칸 방문을 앞두고, 국무원장 파롤린 추기경은 미국이 이제 더 이상 오랫동안 바티칸 외교 정책의 핵심이었던 다자주의多者主義, multilateralism[14]에 관심을 기울이지 않는 듯하다고 유감을 표명했다.

그는 이탈리아 일간지 〈라 레푸블리카〉와의 인터뷰에서 다음과 같이 밝혔다. "현재 미국 행정부의 노선은 우리에게 익숙한 것, 특히 오랫동안 서방 세계가 의지해온 것과는 매우 다르다는 사실이 분명히 드러나고 있습니다."[122]

대부분의 사람들에게는 세계 최후의 절대 군주제인 교회를 미국 출신의 고위 성직자가 이끈다는 생각 자체가 전혀 이치에 맞지 않고 터무니없게 여겨졌을 것이다. 그러나 이미 기존 질서의

---

[14] 국제 관계에서 세 개 이상의 국가 또는 다수의 국가들이 협력하여 문제를 해결하거나 공동의 목표를 달성하는 방식이다. 바티칸은 신앙 여부와 관계없이 모든 '하느님의 백성'이 국경과 민족을 초월해 존재한다고 이해하며, 이러한 관점은 국제 사회의 공동선을 강조하는 다자주의와 맥락을 같이한다. 프란치스코 교황은 2020년 유엔 창립 75주년 연설에서 "국제기구는 자국 이익을 위한 도구가 아니라 인류 공동선의 장이어야 한다"고 말했으며 회칙 〈모든 형제들Fratelli Tutti〉에서도 국제 연대와 다자주의를 평화의 길로 제시한 바 있다.

많은 부분이 흔들리고 있는 상황에서, 어쩌면 그러한 가능성이야 말로 판도를 완전히 뒤바꿀 전환점이 될 수도 있었다.

시카고와 치클라요의
선교자 출신 목자

레오 14세로 발코니에 첫 모습을 드러낸 시카고 출신의 교황은 이탈리아어로 첫마디를 건넸다. "평화가 여러분 모두와 함께!La pace sia con tutti voi!"[123] 세계 곳곳에서 온 순례자들이 저마다 자국의 국기를 자랑스럽게 흔들며 그 순간을 함께하고 있었지만, 그는 어디까지나 로마의 주교였기에 성 베드로 광장에 운집한 군중들에게 이탈리아어로 인사하는 것은 당연한 일이었다.

하지만 레오 14세 교황이 인사를 전하는 바로 그 몇 분간 떠오르는 의문이 있었다. 과연 최초의 미국인 교황은 세상에 자신의 모국어로 연설할 것인가? 만약 그가 영어를, 그것도 약간의 중서부 억양이 섞인 억양을 사용한다면 분명 교회 역사상 전례 없는 낯설고도 신선한 장면이 될 터였다.

그는 이탈리아어로 계속 말을 이어가다가 갑작스럽게 언어를 바꿨다. 그런데 그것은 예상했던 영어가 아닌, 스페인어였다.

그는 자신이 선택한 언어, 곧 스페인어로 이렇게 말했다. "허락해주신다면 특별히 나의 사랑하는 페루의 치클라요 교구에 인사를 전하고 싶습니다. 신실한 교구민들은 그들의 주교를 지지해 주었고, 신앙을 함께 나누었으며, 충실한 그리스도의 교회로 나아가기 위해 많은 것을 주었습니다."

그가 단순히 스페인어에 능숙한 것만이 아니라, 아예 페루 시민이 되어 북미보다 남미와 더 관련이 깊은 인물이 된 배경에는 프란치스코 교황이 내린, 한때는 예상하지 못했던 임무가 있었다.

12년 동안 그는 로마에 머물며 아우구스티노회 총장으로 봉사했다. 두 차례의 임기를 마치고 2013년 그는 고향 시카고로 돌아왔다. 수도회 안에서 이미 가장 높은 지위에 오른 그였지만, 프란치스코 교황과의 의견 불일치로 인해 주교로 임명될 가능성은 희박해 보였다. 그러나 불과 1년 뒤, 프란치스코 교황은 뜻밖에도 그를 페루의 해안 도시인 치클라요의 주교로 임명했다. 미처 생각하지 못한 일이었으나 그는 순명하는 마음으로 새 임무를 받아들였다. 그는 친구들에게 농담 삼아 '시카고^{Chicago}'와 '치클라요^{Chiclayo}'는 철자 몇 개만 다르다고 말하곤 했다. 하지만 사실 프란치스코 교황이 프레보스트를 주교로 임명한 결정은 그리 놀라운 일만은 아니었다. 그들 사이에 어떠한 의견 차이가 있었든, 두 사람은 이미 과거를 공유하고 있었기 때문이다.

프란치스코가 교황으로 선출된 직후, 프레보스트는 새 교황을 아우구스티노회에서 3년마다 열리는 총회의 개막 미사에 초청했다. 그는 그저 즉흥적으로 편지를 써 보냈을 뿐이었다. 그러나 놀랍게도 교황은 그 초청을 수락했다.

1244년 탁발 은수자들이 모여 아우구스티노회를 창설했다. 하지만 긴 역사 동안 단 한 명의 교황도 직접 이들을 위해 미사를 집전한 적은 없었다. 그 공백을 깨뜨린 이가 프란치스코 교황이었다. 2013년 8월 28일 프란치스코 교황은 로마의 성 아우구스티노 대성당에서 새로운 총장을 선출하기 위해 모인 100여 명의 아우구스티노 수도자들을 위해 미사를 집전했다. 새롭게 선출된 교황은 참석자들에게 일일이 인사를 건넸다.

전례가 끝난 뒤, 프란치스코 교황은 퇴임하는 총장 프레보스트와 단둘이 시간을 보냈다. 그때의 기억을 프레보스트는 이렇게 회상했다. "그분께서 저를 기억하고 계셨을 뿐만 아니라, 마치 각주를 달아놓으신 것처럼 저에 관한 세세한 부분까지 기억하고 계셨습니다."

프란치스코 교황은 자신이 추기경이었던 시절 프레보스트와 의견이 달랐던 사실에 집중하기보다, 오히려 과거 바티칸 부서의 내부 문제가 있을 때 자신을 위해 중재해준 순간을 떠올렸다. 교황은 프레보스트에게 이렇게 말했다. "당신이 그때 해준 일을 절대 잊지 않을 겁니다." 프레보스트는 이미 교황에게 강렬한 인상을 남긴 것이 분명했다. 그리고 그 대답으로, 그는 주교로 임명되어 다시 페루로 향하게 됐다.

선교 사제로 처음 페루에 도착한 지 30년 만에, 프레보스트는 이제 인구의 80퍼센트 이상이 가톨릭 신자인 도시를 이끄는 중책을 맡게 됐다. 그는 선교사 시절 처음 생각했던 것을 사목 활동의 중심 원칙으로 삼았다. 즉, 평신도를 교구 사목의 중심에 두고 이들이 교구의 주요 지도부 역할을 맡도록 했다. 그는 프란치스코 교황의 가르침을 연구하는 모임들을 조직했고, 특히 페루 원주민들의 성소를 키워 미국에서 파견된 사제들에게 의존하지 않고 현지 신자들이 스스로 교회를 책임질 수 있도록 힘을 실어주었다.

그가 치클라요 교구장으로 사목하던 시절을 함께한 친구들과 동료들은 그의 사목 활동이 '협력적이며 신자들의 역량을 주체적으로 키워주는 사목'이었다고 기억하고 있다.

"그는 책상에만 앉아 있는 사목자가 아니었습니다." 피델 푸리사카 비힐Fidel Purisaca Vigil 신부는 이렇게 회상했다. 또한 그는 프레보스트 주교가 멀리 떨어진 공동체에 가기 위해 트럭을 몰고 비포장도로를 달렸고, 도움이 필요한 이들을 만나기 위해 장화를 신고 홍수를 헤쳐나갔다고 회상했다.[124] 2018년 프란치스코 교황이 페루를 방문했을 때, 프레보스트는 교구민들과 함께 네 시간을 이동해 밤하늘 아래에서 야영을 했고, 교황이 트루히요를 짧게 방문하는 동안 교구민들이 잠시나마 교황을 만날 수 있게 해주었다.

"프레보스트는 사람들에게 가까이 다가가는 친근함을 가지고 있었습니다." 그와 함께 페루에서 활동했던 아우구스티노회의 동료 수도자 알렉산더 램$^{Alexander Lamb}$ 신부는 이렇게 증언했다. "그의 행동은 제도적이지 않았고 참으로 인간적이었습니다."[125]

코로나19 팬데믹이 절정에 달했을 때, 프레보스트의 관할 지역은 라틴아메리카 전역에서 가장 큰 피해를 입은 지역 중 하나였다. 그때 그는 주민들을 위해 두 개의 산소 발생기 생산 공장을 세우고자 모금을 주도했다. 성당들이 폐쇄되고 미사가 취소되자, 그는 성체를 모시고 거리를 행진하며 질병으로 죽어가는 이들과 가족과 공동체로부터 단절된 이들을 위해 기도를 바쳤다.

프레보스트 주교의 사목하에 있던 페루 신자들은 그를 프란치스코 교황이 사목자들에게 요청했던 "양 냄새가 나는 목자"라고 생각했다. 교황 역시 이에 동의한 듯 보였다. 2019년 프란치스코 교황은 프레보스트 주교를 전 세계 성직자를 감독하는 성직자부의 위원으로 임명했다. 그로부터 1년 후, 그는 로마에서 가장 영향력 있는 부서 중 한 곳의 위원으로 발탁됐다. 바로 전 세계 주교 임명의 대부분을 담당하는 부서인 주교부였다.

이러한 임무들은 주교로서 명예로운 것이었지만, 오히려 선교사의 업무 부담을 가중시켰다. 페루의 자택에서 그는 주교 후보자들에 대한 자료를 밤늦게까지 검토해야 했으며, 인사 문제를 논의하기 위해 정기적으로 로마를 방문할 때마다 프란치스코 교황과의 점심 식사 자리에 자주 초대됐다. 두 사람은 교황이 거주하는 바티칸 게스트하우스 201호의 작은 스위트룸에서 정기적으로 식사를 함께했다. 그들이 공유하는 스페인어는 대화의 공통 기반이 됐다.

이러한 방문들 중 어느 날, 프란치스코 교황은 프레보스트에게 마르크 우엘레 추기경이 은퇴하면 그를 주교부의 새로운 장관으로 임명하는 것을 고려 중이라고 말했다. 이 직책을 맡게 되면 전 세계 교회에 막대한 영향력을 행사할 수 있기에 일부 주교들이라면 반길 만한 일이었지만, 프레보스트는 자신이 사목하던 이들과 떨어져야 한다는 생각에 그다지 기뻐하지 않았다.

그는 교황에게 말했다. "교황님, 저는 페루에서 정말 행복합니다."

그러나 교황의 청을 거절할 수 없는 주교의 처지를 인식한 듯 그는 이어서 이렇게 말했다. "저를 임명하시든 지금 있는 곳에 남겨두시든 저는 행복할 것입니다. 하지만 교회 안에서 새로운 역할을 맡으라고 요청하신다면, 저는 기꺼이 받아들이겠습니다."[126]

이에 프란치스코 교황은 답했다. "제가 올바른 결정을 내릴 수 있도록 기도해주십시오."

결정이 내려졌고 2023년 1월 공식 발표가 이루어졌다. 그해 4월 프레보스트는 치클라요를 떠나 바티칸에서 새로운 임무를 시작하게 됐다.

프레보스트는 부활절 다음 날 로마로 향했다. 같은 주에 그는 주교부 장관으로서 공식 취임 선서를 했다.

전 세계 교회의 새로운 주교를 선발하는 부서의 장관으로 프레보스트가 선택된 것은 당연한 일이 아니었다. 그는 교회의 중앙 행정조직인 로마 바티칸에서 근무한 경험이 전혀 없었고, 오히려 지난 수년간 다른 대륙의 비교적 외딴 교구에서 사목 활동을 해왔기 때문이었다. 그러나 프레보스트는 바로 그 점이 오히려 자신에게 유리하게 작용했음을 알게 됐다.

그는 이렇게 회상했다. "프란치스코 교황님은 교황청 관료 출신에게 이 직책을 맡기는 것을 원하지 않았고, 대신 외부에서 온 사람을 원하셨습니다. 새로운 시각으로 자신을 도와줄 사람을 원했던 것입니다."[127]

프레보스트의 상승세는 계속됐다.

그를 로마로 부른 지 불과 세 달 만에 프란치스코 교황은 그를 추기경으로 서임했다. 이는 차기 교황 선출권을 갖게 될 뿐만 아니라 국제적 위상이 크게 높아진다는 것을 의미했다. 그리고 프란치스코 교황은 동료 추기경들 사이에서 프레보스트가 두각을 나타내도록 특별히 배려하는 듯 보였다. 새 추기경 명단이 발표됐을 때 프레보스트의 이름은 맨 앞에 올랐다. 이는 새 추기경 서임식에서 그가 특별히 명예로운 자리를 차지하게 된다는 의미였다. 또한 그는 동료들을 대표하여 교황에게 연설을 하는 역할까지 맡게 됐다.

신임 추기경 프레보스트는 연설 중 프란치스코 교황에게 이렇게 말했다. "라틴어 속담에는 '호노스 하베트 오누스 Honos habet onus', 곧 '모든 명예에는 그 무게가 따른다'라는 말이 있습니다." 이어 그는 자신의 주보성인인 성 아우구스티노의 말을 인용했다. "손으로 일하는 이들은 무거운 물건을 안전하게 운반하기 위해 땅에서 너무 멀리 들어 올리지 않는 것이 가장 좋다는 것을 압니다. 그것은 바로 모든 그리스도의 제자들이 근본으로 되돌아갈 '흙humus'과 가까운 자세입니다. 즉 이는 곧 '겸손humility'입니다." 그러나 그는 새로이 받은 추기경이라는 직함이 곧 자신에게 지우게 될 무게를 그때는 알지 못했다.

프레보스트는 전통적인 검은색 아우구스티노회 수도복을 벗고 진홍색 추기경복을 입게 됐지만, '교회의 왕자'라는 새 지위가 그의 마음을 자만으로 물들이도록 두지 않았다. 그는 여전히 매일 아침 아우구티노회의 형제 수도자들과 함께 기도했고, 때로는 점심시간을 함께하기도 했다. 하지만 일주일에 하루만큼은 형제들과 함께할 수 없었다. 매주 토요일 아침은 교황을 위해 비워두어야 했기 때문이다.

이 시간에 두 사람은 주교 임명 후보자 명단을 꼼꼼히 검토했다. 프레보스트는 공석이 생긴 교구마다 교황청 부서 위원들이 검토한 상위 세 명의 후보 명단을 교황에게 제출했다. 최종 결정은 전적으로 프란치스코 교황의 몫이었다. 이 과정은 길었고 때로는 지루하기까지 했으며, 종종 특정 교구의 새 목자를 선택하는 것에 대한 논의 못지않게 교회가 직면한 더 큰 문제에 대해 이야기하는 데 많은 시간을 할애하곤 했다.

프레보스트는 장난기 어린 면모를 드러내며 이 정기적인 만남을 이용해 작은 게임을 시작했다. 프란치스코 교황은 모든 약속에 아주 일찍 도착하기로 유명했으며, 준비가 됐다 싶으면 예정된 시간보다 먼저 미사를 시작하기도 했다. 그래서 프레보스트는 교황보다 먼저 도착하겠다는 일념으로 매주 조금씩 더 일찍 가기 시작했다. 그러나 그는 단 한 번도 교황보다 먼저 도착하지 못했다.

프레보스트는 전 세계 교회를 위해 새로운 주교들을 찾는 막중한 임무를 맡고 있었지만, 로마에서의 모든 시간을 사무실에서만 보내지는 않았다.

일요일이면 그는 아우구스티노회의 테니스장에서 자신의 비서 신부와 테니스를 즐겼다. 수도회 총장 시절에도 정기적으로 테니스를 쳤던 그는 이제 시간을 내기가 더 어려워졌음에도 불구하고 테니스 칠 시간을 따로 마련했다. 그의 한 친구는 교황과의 주간 회의 다음 날 아침에 하는 테니스 경기가 새로운 임무로 인한 힘든 한 주를 보낸 뒤 긴장을 풀 수 있는 방법이 된 것 같다고 말했다.

로마에서의 여가 시간 동안 프레보스트는 자주 도시 곳곳에 있는 여러 수도원을 방문했으며, 특히 젊은이들의 사제성소 혹은 수도자 성소를 양성하는 데 세심한 관심을 기울였다. 로마 아일랜드 신학원의 원장인 폴 피너티 Paul Finnerty 신부는 프레보스트가 언제나 자신의 시간을 기꺼이 내주었다고 회상했다. 프레보스트는 사제 양성을 위한 저녁 프로그램 초청을 흔쾌히 받아들였으며, 미사를 집전하거나 단순한 사교 활동에 참여하는 등 다양한 자리에서 젊은이들과 함께했다.

이러한 아일랜드 신학원과의 관계는 프레보스트가 페루의 주교로 임명된 직후 형성됐다. 그는 치클라요 교구의 사제들이 로마에서 고등 학위를 취득하는 동안 로마의 아일랜드 신학원에 거주하도록 했다. 아일랜드 신학원은 아우구스티노회가 운영하는 산티 카트로 코로나티 대성당과 지리적으로 가까웠기 때문에 자연스러운 선택이었다.

피너티 신부는 프레보스트가 치클라요 교구의 사제들에게

로마에서 석사 혹은 박사 학위를 취득하도록 장려한 이유를 설명하며 이렇게 말했다. "그는 교구의 미래에 투자하는 데 정말 헌신적이었습니다. 그는 사제들이 공부를 마치고 돌아와 지역 교구의 사제들을 양성하는 데 기여할 수 있기를 원했습니다."

로마로 불려 온 이후 프레보스트는 아일랜드 신학원 행사에 자주 참석했고, 그가 사목했던 치클라요 교구의 사제 두 명은 여전히 그곳에서 공부하고 있다. "학생들이 까다로운 질문들을 던지기도 했습니다. 하지만 그는 탁월한 경청 능력을 지니고 있었습니다"라고 피너티는 증언했다. 프레보스트가 교황으로 선출되기 직전 마지막으로 아일랜드 신학원을 방문했을 때도 그는 성 패트릭 축제 St. Patrick's Day[15]에 함께하며 저녁기도와 미사에 참여했고, 이어지는 아일랜드식 스튜 만찬 자리까지 함께했다.

"아마도 그는 모든 것을 마무리하는 의미로 흑맥주를 즐겼을지도 모르겠습니다"라고 피너티는 농담을 던진 후, 곧 진지한 어조로 말을 이었다. "새 교황에 대해 너무 많은 것을 밝히고 싶지는 않습니다." 그에게 확인할 수 있었던 사실은 프레보스트가 저녁식사 후 이어진 합창 시간에 노래를 함께 부르며 축제를 즐겼다는

---

[15] 5세기경 아일랜드에 그리스도교를 전파한 아일랜드 수호성인 성 패트릭의 축일인 3월 17일에 열리는 행사다. 현재는 아일랜드 문화 축제로 확산됐으며 더블린에서 생산되어 세계적으로 유명해진 기네스 맥주를 마시는 것이 전통으로 자리 잡았다.

것이다.

하지만 그 시기, 프레보스트에게는 만만치 않은 과제들이 기다리고 있었다.

새 직무를 맡은 직후 프레보스트가 직면한 첫 번째 과제 중 하나는 초임 주교들의 교육을 개선하는 일이었다. 새로 임명된 주교들은 매년 로마에 모여 집중 연수를 받게 되는데, 그 일정이 매우 강도 높았다. 이 일정에는 교황청 부서의 운영 방식에 대한 개요, 미성년자 보호 정책 검토, 성폭력 피해자들의 증언, 대중과의 소통에 관한 강의, 재정 교육 등이 포함되어 있었다. 비공식적으로 '초보 주교 학교baby bishops' school'라 불렸던 이 과정은 그동안 엇갈린 평가를 받아왔다.

일부 강연은 매우 유익했지만, 어떤 강연은 지루하기 짝이 없었다. 많은 주교들은 로마 중심부에서 멀리 떨어진 대학 숙소에 머물러야 하는 것과 소박한 숙소 조건에 대해 불평하곤 했다. 이에 프레보스트는 변화를 시도했다. 교황청에는 주교 임명을 담당하는 세 개의 부서가 있다. 그중 주교부Dicastery for Bishops가 대부분을 담당하지만, 또 다른 부서인 동방 교회부Dicastery for the Eastern Churches는 동방 교회 주교의 임명을, 포교부Dicastery for Evangelization는 아프리카와 아시아의 선교지 교구 임명을 관리한다. 전통적으로 이 세 부서는 각각 독자적으로 초임 주교 연수 과정을 운영해왔다. 그러나 프레보스트는 다른 생각을 가지고 있었다. 각각 다른 필요와 과제를 가지고 있음에도 불구하고, 이 세 그룹을 한자리에 모아 대화를 나누게 하는 일이 중요하다고 판단했던 것이다. 서구권 주교들이 종종 가볍게 여겨지거나 간과되는 지역의 선교사들을 만나야 한다는 것이 그의 생각이었다. 오래전 미국에서 라틴아메리카로 간 자신의 경험이 세계와 교회의 본모습을 바라보는 관점을 바꿔놓았던 것처럼, 프레보스트는 교회의 새로운 주교들에게도 이와 비슷한 기회를 제공하고자 했다.

바티칸 안에서 프레보스트는 빠르게 명성을 얻었으나, 그 평가가 일관되지는 않았다. 그는 '독특한 존재 sui generis'라 불렸다. 어떤 이들은 그를 여러 문화가 다양하게 섞인 인물이라 여겨 '라틴 양키'라고 부르기도 했다. 그의 삶은 여전히 아우구스티노회와 긴밀히 연결되어 있었고, 이에 많은 이들은 그를 자신을 잘 드러내지 않는 조용한 수도자로 여겼다. 미국 대사관 환영회나 미국인 신학생들이 거주하는 북미 신학원 행사와 같은 미국 관련 모임에 성실히 참석했지만, 그는 그곳에서도 다소 이질적으로 보였다. 실제로 한 행사에서는 내가 그를 다른 미국인 주교에게 소개해야 할 정도였다. 그러나 주교부 소속 주교들과 추기경들은 그가 격주로 열리는 회의를 크게 개선했다고 입을 모았다. 그들은 그가 항상 철저히 준비해 회의에 참석했으며, 의견 교환을 위한 충분한 시간을 제공하면서도 필요한 결정을 신속하고 명확하게 내렸다고 평가했다.

2025년 2월, 프란치스코 교황은 호흡기 문제로 어려움을 겪기 시작했다. 같은 시기 바티칸의 일간 공보에 프레보스트가 추기경단 내에서도 가장 소수이자 최고위 직위인 '주교급 추기경 Cardinales Episcopi'[16]으로 승격됐다는 소식이 보도됐다. 프란치스코 교황이 프레보스트를 불과 2년도 채 되지 않는 짧은 시간 만에 영예로운 위치에 올린 것이었다.

2025년 5월 7일 아침 교황 선출을 위한 미사를 위해 추기경단이 성 베드로 대성당에 모였을 때, 기대감은 절정에 달해 있었다. 몇 주간 이어진 온갖 추측들이 이제 극적인 결말을 향해 가고 있었다. 누가 유력하고, 누가 밀려났는가? 한 유력 추기경이 콘클라베 사전 전체 회의 중 건강에 위기를 겪었다는 소문은 사실일까, 아니면 반대파가 그의 선출 가능성을 방해하기 위해 퍼뜨린 계략일까? 보수파들이 한 후보를 중심으로 힘을 모을 것인가, 아니면 분열되어 결국 진보파에게 교황직을 넘겨줄 것인가? 이탈리아인들이 거의 반세기 동안의 공백을 끝내고 다시 교황직을 되찾

---

[16] 추기경은 주교급 추기경, 사제급 추기경 Cardinales Presbyteri, 부제급 추기경 Cardinales Diaconi으로 나뉜다. 이 중 주교급 추기경은 교황에 의해 선임되며, 교회의 전통에 따라 로마 교구 주변 일곱 개 교구의 명예 주교를 맡고 콘클라베 의장, 교황 선출 공표, 교황 서품 주례 등의 역할을 수행한다.

을 수 있을까, 아니면 추기경들은 또다시 "세상의 끝"[17]에서 로마의 주교를 찾을까? 사실 이러한 수많은 질문들은 더 이상 중요하지 않았다. 이제는 오직 다음의 한 가지 질문만 남아 있을 뿐이었다. 과연 새 교황이 선출되는 데 얼마나 시간이 걸릴 것인가?

교황 선출을 위한 미사는 추기경들이 엄격한 격리 절차에 들어가기 전, 세상이 그들을 볼 수 있는 마지막 기회였다. 전 세계에서 모인 약 5,000명의 기자들이 이 행사에 참석했으며 그들 중 다수는 미사를 생중계하고 있었다. 그들 모두는 이 자리에 참석한 추기경 중 한 명이 흰색 옷을 입고 다시 세상 앞에 서게 될 것임을 알고 있었다.

성 베드로 대성당 안에서 거행된 이 미사는 추기경들의 향방에 대해 어떤 단서도 제공하지 않았다. 미사의 주례자는 추기경단장인 91세의 이탈리아인 원로 추기경 조반니 바티스타 레였다. 그는 미사가 열리기 전까지 있었던 며칠 간의 회의에서 부각된 두 가지 핵심 주제를 강조했다. 교회가 무엇보다도 '일치'를 추구해야 하는 한편, 프란치스코 교황이 옹호해온 '다양성'을 기꺼이 포용해야 한다는 점이었다.

---

[17] 프란치스코 교황은 첫 연설 때 동료 추기경들을 언급하며 다음과 같이 말했다. "제 동료 추기경들이 세상의 끝la fine del mondo에서 새 교황을 데려왔습니다." 이후 "세상의 끝에서 온 교황"이라는 표현은 프란치스코 교황의 정체성에 대한 표현으로 자리 잡았다.

그는 강론 때 다음과 같이 말했다. "콘클라베는 그리스도께서 사도들에게 보여주신 길 위에서 교회의 일치를 유지하라는 강력한 요청입니다. 교회의 일치는 그리스도께서 원하신 것입니다. 한편 그것은 획일성을 의미하는 것이 아니라, 복음에 대한 완전한 충실함이 유지되는 다양성 안에서의 확고하고 깊은 친교를 뜻합니다."

미사가 끝나고 추기경들은 바티칸 숙소로 돌아갔다. 그곳에서 그들은 외부 세계와 단절될 것이었다. 두세 명씩 작은 무리를 지어 걸어가는 그들은 자신들이 선호하는 차기 교황 후보자들과 그날 오후부터 시작될 중대한 투표에 대해 조용히 대화를 나누고 있는 듯했다.

이 가운데, 프레보스트는 어떤 무리에도 합류하지 않았다. 그는 홀로 걸어갔다.

흰 연기, 새로운 교황

추기경들은 오후 4시 30분에 콘클라베에 입장해 한 명씩 복음서 위에 손을 얹고 비밀 유지를 서약했다. 성 베드로 광장 밖에는 이미 인파가 몰려들기 시작했다. 시스티나 성당 내부 영상을 중계하는 대형 스크린 덕분에 광장이 축제 분위기를 띠는 가운데, 추기경 한 명 한 명의 서약 소리가 광장 곳곳에 울려 퍼졌다. 지난 며칠 동안 고조되어온 모든 기대감이 이제 곧 결실을 맺게 될 순간이었다. 마침내 오후 5시 46분, 디에고 라벨리$^{\text{Diego Ravelli}}$ 대주교가 외쳤다. "엑스트라 옴네스!(모두 퇴장하십시오!)" 이윽고 시스티나 성당의 거대한 문이 닫혔다.

문이 닫힌 후 가장 먼저 이뤄진 공식 절차는 90세의 은퇴한 추기경 라니에로 칸탈라메사$^{\text{Raniero Cantalamessa}}$가 바치는 묵상이었다. 생중계의 마지막 화면에는 칸탈라메사가 묵상을 시작하기 위해 미켈란젤로의 〈최후의 심판〉 앞으로 걸어가는 모습이 담겼다.

콘클라베가 시작됐다.

세 시간이 지난 뒤, 광장의 군중이 더욱 불어났다. 굴뚝에서 검은 연기가 나올 것이 거의 확실했지만, 순례자들과 관광객들은 역사적인 순간을 목격하고자 광장으로 몰려들었다. 그러나 어떠한 색의 연기도 피어오르지 않았다. 사람들은 초조해지기 시작했다. 카메라 화면으로 굴뚝을 클로즈업하며 지켜보던 우리 기자단 역시 여러 추측을 하기 시작했다. 대부분이 70대인 추기경들 중 응급 의료 상황이 발생한 것일까? 혹시 투표 과정에서 실수가 발생해 다시 진행해야 했을까? 2013년 콘클라베 때도 그런 일이 있었기에 전혀 불가능한 일은 아니었다. 혹시 첫 번째 투표에서 이미 새 교황이 선출된 것일까? 하지만 그것은 거의 불가능한 일이었다.

과연 무엇이 연기가 늦어지는 원인일까 추측하던 중, 내 머릿속에는 콘클라베 전에 있었던 일련의 사건들이 스쳐 지나갔다. 문득 칸탈라메사 추기경이 떠올랐다. 나는 그가 바티칸 설교가로서 매년 사순절 시기에 전하던 묵상을 들었다. 많은 이들이 말하듯 그는 거룩함이 넘쳤지만, 결코 간결하게 말하는 스타일은 아니었다. 나는 동료들에게 혹시 이번에도 그의 설교가 지나치게 길었던 것이 아닐까 농담처럼 말했다.

이후에 알게 된 바에 따르면, 실제로 원래 15분으로 예정되어 있던 묵상이 한 시간을 훌쩍 넘겼다고 한다. 콘클라베에서 가장 원로였으며 차기 교황 유력 후보로도 거론되던 파롤린 추기경은 국무원장으로서 콘클라베의 책임자이기도 했다. 그는 형제 추기경들에게 투표를 다음 날 아침으로 연기할지 의견을 물었다. 그렇게 했다면 평생 가장 중대한 결정을 앞둔 추기경들에게 휴식을 줄 수 있었을 것이고, 화장실에 갈 여유도 주어졌을 것이다. 그러나 이는 외부에 혼란을 줄 가능성이 높았다. 광장에 모인 신자들과 전 세계 TV 시청자들에게 아무런 소식을 전할 수 없는 상황에서 사람들의 상상은 최악의 시나리오로 치달을 것이 뻔했다. 결국 추기경들은 투표를 강행하기로 결정했다.

결국 밤 9시가 되어서야 마침내 굴뚝에서 검은 연기가 피어올랐다. 광장에 모여 있던 약 3만 명의 사람들은 환호하며 박수를 보냈다. 이는 콘클라베가 본격적으로 시작된 것에 대한 환호였을 뿐만 아니라, 오랜 시간 서서 기다린 시간이 드디어 끝났다는 안도감 때문이었을 것이다.

이후 추기경들은 산타 마르타 숙소와 바티칸 정원에서 앞으로의 향방을 논의하고자 삼삼오오 모여 이야기를 나누었다. 콘클라베의 1차 투표 결과는 보통 누가 유력한 후보로 가능성이 있는지, 또 누가 희망을 잃었는지를 보여주었기 때문이다.

유력한 후보였던 파롤린 추기경은 일부 이탈리아 언론에서 예측했던 것과는 달리 50표를 얻지 못했다. 이는 그의 지지 기반이 생각보다 약하다는 의미였고, 그가 교황이 될 가능성이 위태롭다는 것을 보여주었다. 이제 교황 선출 경쟁은 완전히 새로운 국면을 맞이하게 된 듯했다.

유쾌한 인상의 프랑스 마르세유 대주교, 장 마르크 아벨린$^{\text{Jean-Marc Aveline}}$ 추기경은 콘클라베 이전부터 많은 주목을 받은 인물이었다. 둥글둥글하고 친근한 외모는 요한 23세 교황을 닮아 프랑스와 이탈리아 언론의 호의적인 기사들로 이어졌고, 동료 추기경들의 관심도 불러일으켰다. 그러나 그의 언어 능력은 추기경들 사이에서 큰 논쟁거리였다. 비공개로 열린 콘클라베 전 회의에서 거의 완벽한 이탈리아어를 구사한 그의 연설은 "새 교황이 최소한 이탈리아어를 제대로 구사할 수 있어야 한다"라고 비판하던 이들에게 보내는 일침으로 느껴졌다. 하지만 어떤 이들은 그가 원고 없이도 이탈리아어로 제대로 의사소통을 할 수 있을지 의문을 품었다.

그리고 유력 후보로 떠오른 이들 중에 프레보스트가 있었다.

프레보스트는 첫 번째 선거에서 라틴아메리카 추기경들 절반가량의 지지를 받았다. 이들은 그를 완전히 자신들의 일원으로 여겨, 그가 미국 출신이라는 사실조차 거의 잊고 있었다. 또한 프레보스트는 북미 지역과 바티칸에서 함께 일했던 일부 추기경들에게서도 지지를 받았다. 흥미롭게도 프레보스트의 언어 능력이 그의 후보 자격에 도움을 준 측면도 있었다. 바티칸의 공식 언어는 이탈리아어이지만, 아시아와 아프리카 출신의 많은 추기경들에게는 영어가 공용어였다. 이들이 프레보스트와 영어로 소통할 수 있다는 점은 그의 매력을 더해주었다.

콘클라베 둘째 날인 5월 8일 목요일 아침, 프레보스트가 교황이 될 가능성은 더욱 높아졌다. 두 번째와 세 번째 투표가 치러지는 동안 그에게 표를 던진 추기경들의 수가 크게 늘어난 것이다. 완전한 합의가 이뤄진 것은 아니었지만, 선거의 흐름은 점차 뚜렷해지고 있었다. 추기경들은 신속하게 투표를 진행했고, 정오 10분 전 검은 연기가 피어올랐다.

추기경들은 다시 바티칸 숙소로 돌아갔다. 일부는 방으로 돌아가 잠시 쉬기 전에 간단히 점심을 먹었다. 이전의 콘클라베에 비해 숙소 환경이 훨씬 개선되긴 했지만, 자신의 근무지에 있는 더 안락한 방으로 돌아가고자 조속히 절차가 마무리되기를 바라는 추기경들도 적지 않았을 것이다. 제비뽑기로 배정된 방은 직위와 상관없이 정해졌기 때문에, 빗자루 벽장보다 약간 큰 불편한 공간에서 머물러야 했던 이들도 있었다. 바깥세상은 그날 무슨 일이 일어날지 미처 알지 못했지만 바티칸 안에 있는 대부분의 추기경들은 저녁까지는 교황이 선출될 것이라고 확신했다.

목요일 오후, 추기경들은 다시 시스티나 성당으로 들어가 투표를 시작했다. 추기경 각자는 자신이 지지하는 후보의 이름을 종이에 적었고, 성당 앞쪽으로 나아가 서약한 뒤 투표용지를 제출했다. 이 과정은 추기경들의 수만큼 133번 반복됐다.

미국 뉴저지의 뉴어크 대교구장 조지프 토빈 추기경은 첫날부터 투표 결과에 이름이 오르내렸던 인물이었다. 그는 투표용지를 들고 성당 앞쪽으로 걸어 나갔다. 그리고 30년 넘게 알고 지낸 프레보스트를 바라보았다. 프레보스트는 자신이 교황으로 선출될 위기에 처했음을 알아차렸는지 두 손으로 머리를 감싸 쥔 채 앉아 있었다. 그 모습이 토빈 추기경의 마음을 아프게 했다. 훗날 그는 이렇게 회상했다. "저는 프레보스트를 위해 기도했습니다. 왜냐하면 사람이 그런 상황에 처하게 되면 어떤 기분이 들지 도저히 상상할 수 없었기 때문입니다."[128]

마지막 개표가 시작됐다.

우연히도 프레보스트는 그날 아침에 개표위원으로 선정된 추기경 중 한 명이었다. 이는 그가 투표용지를 집계하며 각 용지에 적힌 이름을 확인해야 함을 의미했다. 그날 오후, 그는 반복해서 자기 이름이 불리는 것을 들었다. 프레보스트. 프레보스트. 프레보스트.

투표수가 교황 선출에 필요한 89표에 도달하자, 추기경들은 일제히 일어나 박수를 보냈다. 새 교황은 충격에 휩싸인 듯 계속 앉아 있었고, 옆에 있던 한 추기경이 그를 부축해 일으켜 세웠다.

바티칸시국 내에서 즉시 의전 절차가 시작됐다. 요리사들은 축하 만찬을 준비하기 위해 분주히 움직였다. 지금까지 내놓았던 소박한 음식 대신 주키니 호박으로 만든 전채 요리, 아스파라거스 리소토, 구운 쇠고기와 감자, 그리고 커피와 이탈리아식 냉동 커스터드로 이뤄진 코스 요리가 마련됐다. 이 특별한 행사를 위해 스파클링 와인도 시원하게 준비되어 있었다. 어떤 일이든 많은 시간이 걸리는 이 나라에서 '레오 14세 교황 선출'이라고 새겨진 특별 메뉴판까지 신속하게 준비됐다.

저녁 6시가 되자 성 베드로 광장의 군중은 더욱 불어났다. 늦은 오후의 태양이 아직 뜨겁게 내리쬐는 가운데, 세계 곳곳에서 온 가톨릭 신자들이 조국의 국기를 흔들고 있었다. 브라질, 통가, 이탈리아, 그리고 미국 등지에서 온 사람들이었다. 순례자들은 초조해했다. 이 시간쯤이면 연기가 피어오를 것으로 예상됐기에 거대한 스크린은 굴뚝을 비추고 있었다. 갑자기 환호성이 터져 나왔으나, 연기가 피어오르지 않자 이내 조용해졌다. 사람들은 그저 작은 일에도 박수를 칠 준비가 되어 있었고, 아기 갈매기 한 마리가 굴뚝으로 뒤뚱뒤뚱 다가가는 모습에 잠시 긴장감이 해소되기도 했다. 사람들은 오후의 두 번째 투표가 끝나는 늦은 저녁에야 연기가 나올 것이라고 짐작하며 한 번 더 교황 선출이 결렬됐다고 여기는 분위기였다.

그러나 오후 6시 8분, 옅은 흰 연기 한 줄기가 피어올랐다. 군중은 숨을 죽였다. 몇 초 지나지 않아 거대한 흰 연기 기둥이 연이어 뿜어져 나오기 시작했다. 종이 울렸고, 군중은 환호했다. 추기경들이 임무를 완수한 것이다. 교회에 새로운 교황이 탄생했다. 온 도시에서 순례자들과 로마 시민들이 집과 호텔을 뛰쳐나와 발표를 듣기 위해 광장으로 몰려들었다. 흰 연기가 일으킨 환희는 붉은 휘장으로 장식된 발코니에서 누가 나타날지에 대한 기대감으로 점차 바뀌어갔다. 순례자들과 기자들은 마지막 추측을 내놓기 시작했다.

당시 나는 광장이 내려다보이는 한 건물 옥상에서 NBC 뉴스

해설을 하고 있었다. 인터뷰를 위해 함께 나온 이는 미네소타주 위노나-로체스터 교구의 주교이자 언론에 정통한 '워드 온 파이어Word on Fire'의 설립자 로버트 배런Robert Barron 주교였다. 배런 주교는 불과 4차 투표 만에 선출된 교황이 파롤린 추기경일 것이라고 말하며, 비교적 빠른 콘클라베의 결과는 이탈리아인에게 좋은 소식이라는 통설을 되풀이했다. 내가 프레보스트 추기경이 직감적으로 떠오른다고 하자, 그는 미국 출신 교황이 탄생한다는 것은 허황된 환상일 뿐이라며 웃어넘겼다. 대화 후 우리는 다시 일에 집중하며 성 베드로 광장을 내려다보았다. 우리가 있는 곳은 로마에서 공부하는 아우구스티노회 수도자들의 숙소 옥상이었다.

그동안 시스티나 성당 안에서 프레보스트는 자신에게 막 일어난 일의 엄청난 무게를 실감하기 시작했다. 때마침 "교황으로 들어가는 이는 추기경으로 나온다"[18]는 바티칸 격언의 전형적인 인물이 된 필리핀의 루이스 타글레 추기경이 옆자리에 앉아 있었다. 새 교황이 깊고 긴 숨을 몰아쉬고 있는 것을 눈치챈 타글레 추기경은 주머니에 몰래 숨겨 온 사탕을 꺼내 그에게 건넸다.

---

18 콘클라베에 들어갈 때 교황이 될 것이라고 유력하게 점쳐지는 인물은 결국 교황으로 선출되지 않는다는 속설을 의미한다. 이는 교황 선출의 예측 불가능성을 표현함과 동시에, 인간의 의지가 아닌 성령의 인도에 따라 교황이 선출된다는 신앙적 해석을 담고 있는 표현이기도 하다. 실제로 요한 바오로 2세, 베네딕토 16세, 프란치스코 교황 모두 콘클라베 전에는 "가능성은 있지만 비주류"라고 평가받았다.

그리고 미소 지으며 말했다. "이것이 새 교황님을 위한 저의 첫 번째 자선 행위입니다."[129]

새로운 교황 레오 14세는 교황 의복을 갖춰 입었다. 추기경들이 한 명씩 나와 그에게 축하 인사를 건넸다. 시카고 출신으로 워싱턴 D. C. 대주교 재임 시절 프란치스코 교황에 의해 최초의 아프리카계 미국인 추기경이 된 윌턴 그레고리Wilton Gregory 추기경은 감격에 겨워 있었다. "같은 시카고 남부 출신으로서…" 그는 눈물이 북받쳐 말을 잇기 어려운 상태로 새 교황에게 말했다. "저의 존경과 신의, 그리고 사랑을 약속드립니다."[130]

새 교황 시대의 서막

로마에서 약 6,000마일 떨어진 페루 치클라요의 신학교. 몇몇 신학생들이 작은 TV 화면에 시선을 고정하고 있었다. 전 세계의 다른 사람들과 마찬가지로 그들도 굴뚝에서 피어오르는 흰 연기를 지켜보며 발코니에 누가 모습을 드러낼지 간절히 기다리고 있었다.

새 교황에 대한 첫 단서인 '로베르툼 프란치스쿰Robertum Franciscum'이라는 라틴어 이름이 발표된 순간, 그들은 로마에서 방금 무슨 일이 일어났는지 깨달았다. 자신들의 목자가 교황으로 선출된 것이었다. 그들이 알고 있는 겸손하고 자애로운 주교를 세상이 만나고 있는 그 순간, 신학생들의 얼굴에는 눈물이 흘러내렸다. 어떤 이들은 소리를 질렀고, 어떤 이들은 서로를 끌어안으며 지금 막 일어난 일을 이해하려 여전히 애쓰고 있었다. 비록 대서양을 사이에 두고 멀리 떨어져 있었지만, 그들은 자신들이 교회의 심장에 그 어느 때보다 가까이 있다고 느꼈다.

레오 14세가 발코니에 나와 연설을 시작하기 전, 눈시울이 붉어진 그의 눈빛은 많은 것을 말해주고 있었다. 그는 그 어느 때보다도 환하게 미소 지으며, 겸손한 자세로 바로 그 순간을 가능한 한 오래 간직하고 싶어 하는 듯했다. 그러나 온 세계는 궁금해하고 있었다. 이제 막 전 세계 교회를 돌보게 된 이 인물, 가톨릭 교회를 이끌어갈 제267대 교황은 과연 누구란 말인가?

"평화가 여러분 모두와 함께!" 새 교황은 이렇게 선포하며 교황으로서 그의 사목적 우선순위가 무엇인지를 드러냈다. 직접 작성한 레오 교황의 첫 연설은 불과 500단어에 불과했지만 '평화'라는 단어가 아홉 차례나 포함되어 있었다.[131]

새 교황은 이렇게 간청했다. "우리 모두가 언제나 평화 속에서 하나 될 수 있도록, 대화와 만남으로 다리를 놓는 것을 도와주십시오." 또한 그는 교회가 "언제나 평화를 추구하고, 사랑과 친근함 안에 머물며, 특히 고통받는 이들에게 가까이 다가가야 한다"고 호소했다.

레오 교황에게 변화는 극적인 것이었다. 그는 생애 대부분을 수도회 총장, 교구장 주교, 그리고 교회 내부 문제를 다루는 추기경으로서 주로 대중의 시선에서 비켜서 있었다. 그런데 갑자기 전 세계 무대의 중심에 서게 된 것이다. 그러나 그는 거기에 적절하게 대처했다. 군중은 새 교황에게 매료되어 환호하며 박수를 보냈다.

레오 교황의 행보는 다음 며칠 동안에도 계속됐다.

사흘 뒤인 5월 11일, 레오 교황은 그의 첫 부활 삼종기도를 맞이해 대중을 상대로 연설을 했다. 현지 당국은 성 베드로 광장을 가득 메웠을 뿐만 아니라 주변 거리까지 넘치도록 모인 인파가 10만 명을 넘었다고 추산했다. 이번에도 평화를 위한 호소가 중심 주제였다. 레오 교황은 제3차 세계대전이 부분적으로 벌어지고 있다는 프란치스코 교황의 발언을 상기시켰다. 그리고 우크라이나에 정의롭고 지속적인 평화가 깃들기를, 가자 지구에서는 휴전이 이루어지기를 호소했다. 그리고 1960~1970년대의 격동기에 교회를 이끌었던 바오로 6세 교황 이래 역대 교황들이 되풀이해온 말을 다시금 외쳤다. "전쟁은 결코 다시는 안 됩니다!"[132] 이어 군중과 함께 성모송을 노래로 바쳤다.

그날 광장에 있던 시카고 출신의 앤젤리카 로버츠의 눈에는 눈물이 고여 있었다. 그녀는 이렇게 말했다. "마치 교황님이 우리 각자에게 직접 말씀하시는 것처럼 느껴졌어요. 교황님은 갈라져 있는 우리를 다시 연결하며 우리가 하나의 인류라는 사실을 상기시켜주셨어요. 특히 우리가 겪고 있는 제3차 세계대전에 대해 언급하며 평화와 일치를 위한 호소를 하셨을 때, 교황님의 말씀은 깊은 공감을 불러일으켰어요."

5월 12일 월요일, 레오 교황은 전 세계 기자들을 바티칸 알현실로 초대했다. 박수갈채가 한참 쏟아진 뒤, 레오 교황은 농담으로 말문을 열었다. "처음의 박수는 큰 의미가 없다고 합니다. 그러니 연설 끝까지 잠들지 않고 여전히 박수를 쳐주신다면 진심으로 감사히 받겠습니다!"

미국식 억양의 영어로 교황이 농담하는 모습은 바티칸을 취재하는 기자들이 익숙해지기까지 시간이 좀 걸릴 일이었다. 그러나 오랫동안 세상의 이목을 피해왔던 레오 교황은 자신의 새로운 역할에 점차 자연스럽게 적응해가는 듯 보였다.

프란치스코 교황 선종 이후 전 세계의 시선이 로마에 쏠려 있다는 사실을 잘 알고 있던 레오 교황은 이 자리를 빌려 언론의 수고에 감사를 전했다. 그리고 기자들에게 평화의 일꾼이 되어달라고 요청했다.

"평화는 우리 각자에게서 시작됩니다. 다른 사람을 바라보는 눈길, 다른 이의 말을 듣는 태도, 그리고 다른 이에 대해 말하는 방식 속에서 말입니다." 그는 이어서 말했다. "그러한 의미에서 우리가 소통하는 방식은 근본적으로 매우 중요합니다. 우리는 말과 이미지로 이루어지는 전쟁에 '아니오'라고 말해야 하고, 전쟁이라는 패러다임을 거부해야 합니다."[133]

또한 교황은 소통이 반드시 평화를 위한 도구가 되어야 한다고 강조하며 다음과 같이 말했다. "말을 무장 해제합시다. 그러면 세상을 무장 해제하는 데에도 도움이 될 것입니다. 무장 해제된,

그리고 무장을 해제하게 하는 소통은 우리가 세상을 다른 시각으로 바라볼 수 있게 하고, 인간 존엄성에 걸맞은 방식으로 행동할 수 있도록 해줍니다."

연설을 마친 뒤 교황은 3,000명이 넘는 언론인들 사이를 지나갔다. 그러던 중 한 기자가 가져온 야구공에 서명을 했고, 페루 안데스 산맥에서 온 알록달록한 알파카 목도리를 걸쳤으며, 자신의 테니스 실력이 아직 부족하다는 농담을 던지기도 했다. 같은 시카고 출신인 NBC의 레스터 홀트 Lester Holt에게는 고향을 다시 찾기까지 시간이 좀 걸릴 것 같다고 전했다. 장애인을 돌보는 한 수녀는 그에게 간단한 수화를 가르쳐주었다. 이러한 즐거운 만남과 유쾌한 교류는 언론의 주목을 받았지만, 그중에서도 가장 인상 깊었던 점은 언론의 자유가 수정 헌법 제1조인 미국 출신의 첫 교황이 표현의 자유는 반드시 보호되고 책임 있게 다루어져야 한다고 말한 것이었다. 이는 그의 고향에서 들려오던 소식과 극명히 대비되었다. 미국 대통령이 언론을 향해 일상적으로 조롱을 퍼붓던 것과 달리, 미국인 교황은 그 자리에 모인 언론인들에게 사도적 축복을 내렸다.

한편 기자들이 새 교황을 만나고 있던 바로 그 시간, 우크라이나의 볼로디미르 젤렌스키 대통령은 소셜미디어를 통해 그날 아침 일찍 레오 14세 교황과 통화했음을 전 세계에 알렸다. 이는 레오 교황이 국가 원수와 나눈 첫 공식 통화였다. 젤렌스키 대통령은 "우리나라가 정의롭고 지속적인 평화를 이루고 포로들을 석방해야 한다는 교황님의 말씀에 깊이 감사드린다"라고 적으며, 교황을 우크라이나에 초청했다고 덧붙였다.[134] 추기경 시절 이미 러시아의 우크라이나 침공을 '제국주의적'이라고 규탄한 바 있었던 레오 교황의 이러한 행동은 우크라이나를 향한 분명한 연대의 표시였다. 평화를 위한 노력에는 누가 억압받는 자이고 억압하는 자인지를 세상에 분명히 알리는 일도 포함되어 있었다.[135]

레오 14세 교황의 재위 초기 주제가 평화로 부각되자, 프란치스코 교황을 꾸준히 비판해온 독일의 게르하르트 뮐러 추기경조차 새 교황의 말에 귀를 기울였다. 그는 감명을 받은 듯하면서도 신중한 낙관을 담아 "새 교황이 교회에도 평화를 가져올 수 있기를 바란다"라고 말했다. 프란치스코 교황 시대에 소외감을 느껴왔던 뮐러와 전통주의자들에게 레오 교황은 전임 교황이 확대했다고 그들이 주장하는 교회 내 분열을 해소할 인물로 보였다.

아반티Avanti!(앞으로!)

보수주의자들이 주장하는 '교회를 괴롭혔던 분열'의 상당 부분은 프란치스코 교황이 더욱 시노드적인 교회를 만들자고 호소한 데에서 비롯됐다.

프란치스코 교황은 식별과 경청을 통해 교회가 내부의 분열을 치유하고 대화가 평화를 가져올 수 있음을 세상에 보여줄 수 있다고 믿었다. 이것이 바로 그가 폭넓은 협의와 기도, 대화의 과정을 거친 후, 수년 동안 주교들과 다른 가톨릭 지도자들을 소집하는 회의를 추진해온 이유였다.

그럼에도 불구하고 프란치스코 교황이 분열을 극복하고자 선택한 바로 그 방법이 교회 내부에서는 분열의 원인이 되기도 했다. 일부 교회 지도자들은 과거의 하향식 지도 방식이 도마 위에 오른 것을 못마땅해했다.

그러므로 콘클라베를 앞두고 일부 추기경들은 프란치스코 교황의 개혁이 그의 죽음과 함께 묻히기를 바랐다. 콘클라베가 시작되기 며칠 전 어느 날 저녁, 나는 바티칸에서 집으로 돌아가던 중 그러한 의견이 우세할까 봐 걱정하는 한 추기경과 마주쳤다.

"우리가 시노드를 준비하고 있을 때, 그들은 콘클라베를 준비하고 있었을 겁니다." 프란치스코 교황의 반대자들은 이미 한발 앞서 있는지도 몰랐다.

프란치스코 교황 시절 바티칸 시노드 사무국 자문으로 활동한 영국 신학자 애나 롤랜즈Anna Rowlands는 프란치스코 교황의 선종과 콘클라베 사이 몇 주 동안 세 가지 진영이 나타났다고 보았다.

첫 번째 진영은 가난한 이들에게 손을 내밀고 난민들을 옹호했던 전임 교황의 기조는 이어가되 시노드 정신은 포기하기를 원하는 진영이었다. 특히 비성직자가 바티칸 내에서 권위 있는 직책을 맡을 수 있도록 허용한 프란치스코 교황의 결정에 비판적이었던 사람들이 이 진영에 속해 있었다.

두 번째 진영은 교회의 삶에 더 다양한 구성원을 초대하는 시노드의 핵심과 이것이 잠재적인 복음 선포의 전략으로서 가지는 부차적인 효과는 높이 평가했지만, 교회의 새로운 존재 방식으로서의 시노드의 통합적 비전까지는 받아들이지 않는 이들이었다.

롤랜즈는 세 번째 진영을 아반티^{avanti} 집단이라고 불렀는데, 이는 이탈리아어로 '앞으로 나아가다'라는 뜻이다. 이 진영의 추기경들은 시노드 정신의 진정한 신봉자들이었으며, 콘클라베 동안 그들의 가장 큰 관심사는 전체 교회가 함께 나아갈 수 있는 속도로 시노드를 가장 잘 이끌어나갈 지도자를 찾는 것이었다.

레오 교황이 선출된 후 롤랜즈는 나에게 말했다. "콘클라베의 가장 큰 과제는 추기경들이 직접 시노드 정신을 이뤄야 한다는 것이었습니다. 이를 강력히 밀어붙이던 프란치스코 교황이 없는 상황에서 그들은 그 정신을 자신들의 것으로 만들기로 의견을 모아야만 했습니다."

여러 가지 진영이 있는 가운데 지도자를 뽑아야 하는 133명의 단체 안에 의견 불일치가 존재하는 것은 불가피했지만, 교회가 실제로 얼마나 분열되어 있는지에 대해서는 논쟁의 여지가 있었다. 그러나 상대적으로 규모는 작지만 지극히 부유하고 영향력 있는 미국인들은 그 분열이 실제라고 세상을 설득하려 했다.

콘클라베 첫날 밤, 보수 성향의 케이블 방송사 뉴스맥스Newsmax는 호화로운 세인트 레지스 호텔에서 축하연을 열었다. 이 회사의 CEO 크리스토퍼 러디Christopher Ruddy는 오랫동안 프란치스코 교황을 비판해온 인물로, 새 교황 선출이 임박했음을 축하하고자 손님들을 초대했다. 곧 있을 지도부 교체가 가톨릭 생활에 새로운 시대를 열어주리라는 기대감에 그들의 분위기는 한껏 고조됐다. 〈뉴욕 타임스〉의 보도에 따르면 부유한 미국인들은 표면적으로는 신앙과 모금에 관한 이야기를 나누기 위해 일련의 모임을 열었다. 그러나 교황 선출을 위한 콘클라베를 며칠 앞두고 이러한 모임들이 열렸다는 점에서, 교황 교체로 인해 발생할 수 있는 가능성들에 대한 이야기가 오가는 것은 불가피했다.

헝가리 출신으로 자국의 권위주의적 지도자 빅토르 오르반의 지지를 받던 페테르 에르되 추기경은 콘클라베를 앞둔 며칠 동안 팀 부시Tim Busch를 비롯한 다른 보수 인사들의 주목을 받았다. 워크숍, 강연, 피정 프로그램을 통해 지금의 미국 교회에 중요한 역할을 한 나파 연구소Napa Institute의 소장인 부시는 에르되 추기경에게 지지를 보냈다. 부시는 콘클라베 전날 "에르되 추기경이 바로 지금 우리에게 필요한 사람입니다. 우리에게는 분명하게 가르치고 강인하게 설 수 있는 인물이 필요합니다"[136]라고 말했다. 부시의 친구들 중에는 영향력 있는 가톨릭 인사들도 있었다. 가령 콘클라베를 앞두고 나파 연구소가 주최한 만찬은 제임스 하비(James Harvey) 추기경의 로마 거처에서 열렸다. 75세였던 하비 추기경은 콘클라베 투표권을 가진 단 열 명의 미국인 추기경 가운데 한 명이었다.

사실 프란치스코 교황으로부터의 변화를 갈망하며 이러한 화려한 연회에 참여한 가톨릭 신자들의 수는 상대적으로 적었다. 그러나 막대한 자금력이 동원된 마케팅과 커뮤니케이션 활동은 그들의 목소리를 실제 규모보다 훨씬 더 크게 증폭시켰다. 콘클라베를 앞두고 이들은 상당한 화제를 만들어냈고, 일부에서는 추기경들이 갑작스러운 노선 변경을 고려하는 것은 아닌지 우려했다. 부시가 선호하는 후보인 에르되 추기경이 선출될 수 있다는 소문이 돌기도 했다. 그러나 결국 그들의 축하했던 연기는 가든 파티에서 피워 올린 시가 연기뿐이었고, 시스티나 성당에서 피어오른 흰 연기는 그들이 원하던 혁명을 가져다주지 않았다.

마침내 모든 연기가 걷혔을 때, 추기경들은 교회가 분열되어 있으며 노선 변경이 필요하다는 생각을 일축하며 반격에 나섰다. 보수 진영이 '일치'를 요구하며 프란치스코 교황이 교회를 분열시켰다는 암묵적 비난을 보낸 것과는 달리, 이들은 레오 교황의 선출이야말로 다양성을 통한 일치를 보여주는 것이라고 주장했다.

영국의 아서 로시Arthur Roche 추기경이 먼저 입을 열었다. 그는 "레오 교황이 이렇게 빠른 시간 안에 선출된 사실만 보더라도, 프란치스코 교황이 반대론자들이 생각하는 것보다 훨씬 더 교회를 하나로 묶어두셨음이 분명합니다"[137]라고 말했다. 그는 단 네 번의 투표 만에 선출이 이뤄졌다는 사실을 강조했다.

시카고의 블레이즈 쿠피치Blase Cupich 추기경도 교황 선출 이틀 뒤 나와 대화를 나눌 때 비슷한 견해를 밝혔다. 그는 "70개가 넘는 나라와 여러 대륙에서 왔을 뿐 아니라 언어와 문화, 연령대가 다양한 133명의 추기경들이 있었습니다. 그런데 불과 24시간도 안 되어 교황을 선출했습니다"라고 말했다. 이어서 그는 덧붙였다. "이토록 빠른 속도로 이뤄진 일치가 우리가 서로의 차이를 어떻게 메울 수 있는지를 보여주는 모델로 세상에 비치길 바랍니다."

"이것은 교회가 차이와 다양성을 다룰 수 있음을 보여줍니다." 그는 이어서 말했다. "우리는 우리와 다른 생각을 하는 사람에게 '나는 당신과 함께할 수 없습니다'라며 한 가지 입장을 고수할 필요가 없습니다. 아마도 이러한 면에서 우리가 세상에 보여줄 무언가가 있을지도 모릅니다."

콘클라베를 앞두고 일어난 일련의 사건들을 면밀히 지켜본 이들은 레오 교황의 선출을 보며 궁금해했다. 과연 그는 어느 진영 출신인가? 새 교황은 이러한 질문을 던지는 이들을 혼란스럽게 하지 않았다. 자신의 첫 연설에서 이미 분명하게 입장을 밝혔기 때문이다.

그는 선출 직후 발코니에서 군중을 향해 이렇게 말했다. "우리는 어떻게 선교하는 교회가 될 수 있을지 함께 고민해야 합니다. 다리를 놓고 대화하며 언제나 모든 이를 두 팔 벌려 맞이할 수 있는 교회가 되어야 합니다. 바로 이 광장처럼 우리의 자선과 현존, 대화와 사랑을 필요로 하는 모든 이에게 열려 있어야 합니다. 로마와 이탈리아, 그리고 전 세계의 모든 형제자매 여러분, 우리는 시노드 교회가 되고자 합니다."

그것은 바로 '모두에게 열린' 교회를 바라는 직접적인 신호이자 간청이었다. 또한 프란치스코 교황이 반복해 외쳤던 "토도스, 토도스, 토도스"라는 구호에 대한 화답이기도 했다.

프란치스코 교황의 비전을 믿었던 사람들의 반응은 열광적이었다. 그 시간, 캔자스시티 대교구의 숀 맥나이트Shawn McKnight 대주교는 나와 함께 NBC 스튜디오에서 새로운 미국인 교황의 선출에 감격하고 있었다. 그는 프란치스코 교황이 미국 교회에 마지막으로 임명한 대주교였는데, 이는 주교부 장관으로서 프레보스트 추기경이 누구보다도 잘 알고 있던 인사였다. 그는 곧바로 새 교황을 이전 교황과 연결 지었다.

"새 교황의 말씀은 프란치스코 교황의 목소리와 비슷합니다. 하느님께 감사드립니다." 맥나이트는 이렇게 말했다. "이것은 전임 교황의 정신을 잇는 그다음 버전입니다."[138]

그날 저녁, 로마에서 나탈리 베카르$^{Nathalie\ Becquart}$보다 더 기뻐하는 사람은 없어 보였다. 그녀는 프랑스 출신의 사베리오회 수녀로, 프란치스코 교황이 꿈꿔온 시노드 교회를 실현하기 위해 오랫동안 헌신해왔다. 선종한 교황은 2021년 베카르 수녀를 바티칸 시노드의 공동 사무국장으로 임명했다. 지난 4년간 그녀는 전 세계를 누비며 시노드 정신을 알리는 대사로서 헌신적으로 일해왔다. 아마 주로 남성으로 이루어진 로마 교황청에서 일하는 것이 그 어느 곳보다도 어려웠을 것이다. 교회의 고위 관료들 입장에서 보면 베카르 수녀에게는 두 가지 큰 약점이 있었다. 그녀는 여성이었고 이탈리아인이 아니었다. 하지만 다른 누구도 가지지 못한 큰 강점 또한 지니고 있었다. 바로 프란치스코 교황의 전폭적인 지지였다. 프란치스코 교황이 선종한 뒤 며칠 동안, 베카르 수녀가 성 베드로 대성당에 안치된 그의 시신 곁에서 기도하는 모습이 자주 목격됐다. 그들이 함께 헌신해온 과업이 이어지기를 기도로 간청하고 있는 것이 분명해 보였다.

흰 연기가 피어오르고 군중들이 흩어진 지 몇 시간 뒤, 베카르 수녀는 교황청 건물 안에 있는 자신의 숙소로 돌아가고 있었다.

콘클라베를 준비하는 과정과 교황 공석 기간 내내 이어진 긴장과 불확실성으로 인해 분명 지쳐 있었을 터였지만, 레오 교황이 첫 연설에서 시노드에 대한 지지를 밝히자 그녀의 마음은 한결 가벼워졌을 것이다. 그렇게 집으로 돌아가는데 놀라운 일이 일어났다.

그녀 앞에, 몇 시간 전 첫 연설을 마친 레오 14세가 새하얀 교황 의복을 입은 채 서 있었던 것이다.

베카르 수녀는 나중에 소셜미디어에 "우리의 새로운 시노드 교황님을 다시 숙소에서 만나 뵙고 축하드리게 되어 정말 기쁩니다"라고 글을 올렸다. 이 글과 함께 올린 사진 속 그녀의 얼굴에는 눈물이 흘러내리고 있었다.

며칠 뒤 베카르는 바티칸 일간지 〈로세르바토레 로마노 L'Osservatore Romano〉에 레오 교황에 대한 소회를 이렇게 밝혔다. "저는 교황님에게서 훌륭한 경청의 자세를 보았습니다. 그분은 겸손하고 신중하며 침착하고 사려 깊은 분이십니다. 다양성 속의 조화를 통한 일치, 식별력, 구체적인 상황에 대한 주의 깊은 관찰, 복잡한 상황을 고려하는 태도, 평화와 친교를 위한 열망, 소박함, 그리고 세상의 질문에 대한 열린 마음 등 시노드 정신의 핵심적인 태도들을 모두 갖추고 계십니다."[139]

그녀의 기도가 응답을 받은 것이다.

시노드 정신에 기초한 교황직

선출 직후 토요일, 레오 교황은 자신을 교황으로 뽑은 추기경들을 다시 불러 모았다. 그는 교회를 함께 시노드 정신으로 이끌겠다는 사명에 대한 약속을 새롭게 해야 한다고 말했다. 그러나 이는 성직자들만의 일을 의미하는 것이 아니었다. 교황은 교회의 지도자들이 신앙 감각$^{sensus\ fidei}$[19], 즉 모든 백성의 신앙에 귀 기울여야 한다고 강조했다. 시노드 교회, 곧 경청하는 교회는 하느님의 모든 백성의 과업이어야 한다는 것이었다. 그리고 그는 스스로 모범을 보이겠다고 다짐했다.

프란치스코 교황이 재위 12년 동안 전체 추기경단 회의를 개최한 것이 단 두 차례에 불과하다는 사실은 약점으로 지적되곤 했다. 물론 그는 바티칸 문제에 도움을 받고자 각 대륙에 최소 한 명씩을 대표로 두고 분기마다 로마를 방문하는 추기경 자문위원회(C-9)를 설립했지만, 더 큰 범위의 추기경단 전체가 하나의 집단으로 교황과 만나는 일은 거의 없었다. 이는 곧 추기경들이 프란

---

[19] 인간의 주관적인 감각이 아닌, 하느님의 백성 전체 안에 성령이 불어넣은 믿음의 본능, 신앙의 직관을 의미한다. 이는 전체 교회가 진리 안에 머물고 참된 믿음을 분별할 수 있는 능력을 갖고 있다는 것으로, 교회의 신앙이 단순히 신학자나 성직자를 통해서만 주어지는 것이 아니라, 모든 신자가 성령 안에서 함께 참여함으로써 이루어진다는 사실을 의미한다.

치스코 교황을 이해할 기회가 없었음을, 그리고 무엇보다 훗날 자신들 가운데서 차기 교황을 선출하기 위해 서로를 충분히 알 수 있는 시간이 부족했음을 의미했다.

콘클라베를 앞둔 며칠 동안, 일부 추기경들은 차기 교황이 선출되면 함께 교회를 이끌어갈 '각료 회의Council of Ministers'를 구성해야 한다고 제안했다. 한 가지 방안은 C-9를 확대하되 교황 개인에게 덜 의존하는, 보다 시노드적인 방식으로 설계하는 것이었다. 또 다른 제안으로는 주교회의가 대표들을 선출하고, 그 안에 여성과 평신도도 포함될 수 있도록 하자는 의견이 있었다.

교황으로 선출되기 전 프레보스트가 이러한 제안들에 대해 어떤 입장이었는지는 알 수 없다. 그러나 교황이 된 지 사흘째 되는 날, 그는 몇 가지 단서를 내비쳤다.

레오 교황은 첫 만남을 위해 추기경들이 모이는 장소로, 보통 교황이 부서장들을 접견하는 장소가 아닌 바티칸 시노드 홀을 선택했다. 또한 공식 연설을 불과 15분 만에 마무리하고 회의의 대부분을 질문과 토론, 공동 식별에 할애했다. 추기경들은 교회가 앞으로 어디로, 어떻게 나아가야 할지에 대해 질문을 던졌고, 두 시간 동안 함께 답을 찾고자 했다.

"추기경들과 함께 걸어가는 모습은 프란치스코 교황보다 더욱 시노드적인 교황임을 보여주는 표지입니다." 애나 롤랜즈가 내게 말했다. "프란치스코 교황이 더 시노드적인 교회를 원했다면, 레오 14세 교황은 더 시노드적인 교황직을 원하는 듯합니다."

교황의 이름을 연호하는 군중, 군주에 걸맞은 의복, 실제 옥좌 같은 교황과 연관된 이미지는 현대의 경영자에게 기대되는 특성과는 다소 거리가 멀다. 그러나 과거 프레보스트와 함께 일했던 이들은 그의 성품과 리더십 스타일이 오늘날 변화를 이끄는 동력이 되는 협력적 리더십에 잘 어울린다고 말한다.

2023년과 2024년 시노드 회의에서 중재자로 활동했던 호주의 수전 패스코 Susan Pascoe 역시 이에 동의한다. 2024년 10월 총회에서 프레보스트 추기경은 한 달 내내 그녀와 같은 원탁에 앉았는데, 직함이나 존칭으로 불리기를 원하지 않았다. 각 참가자들에게 어떠한 호칭을 원하는지 묻는 가운데, 차례가 돌아오자 그는 간단히 이렇게 말했다. "로버트."

패스코는 나에게 말했다. "한 사람과 함께 한 달 동안 모든 이들의 목소리가 들리는 원탁에 앉아 대화하며 성령의 지혜가 드러나는 시간을 함께 보내면, 그 사람에 대해 많은 통찰을 얻게 됩니다."

호주의 의료 및 교육 서비스 분야에서 고위 경영자로 일했던 패스코는 사람들을 이끄는 지도자에게 필요한 자질을 잘 알고 있었다. 그녀는 함께하는 시간 동안 프레보스트 추기경이 그런 자질을 여러모로 보여주었다고 말했다. "노련하고, 겸손하며, 꾸밈이 없고, 관계 지향적이었습니다." 거기에 더해 훌륭한 지도자가 반드시 갖추어야 할 정서적 지능까지 지니고 있었다고 덧붙였다.

"그는 함께하고 있는 원탁에서 교회 내 지위에 따라 행동하기보다 주제와 대화의 흐름에 따라 소통하며 분위기를 정확히 읽어냈습니다." 그녀는 말했다. "그는 다른 의견을 존중했고 주의 깊게 경청했으며, 그에 맞춰 응답했습니다. 그의 성품은 온화하고 비판적이지 않은 반응으로 자연스럽게 이어졌습니다."

"그는 자아가 강하지 않은 사람으로 보이는데, 저는 이것을 지도자의 중요한 자질로 봅니다. 이러한 사람은 칭찬이나 인정을 받으려 하기보다, 당면한 사람들과 과업에 온전히 집중할 수 있기 때문입니다." 그녀는 이렇게 덧붙였다.

프란치스코 교황 재위 시기 동안 많은 관찰자들은 교황이 시노드적 교회를 열망했던 이유가 예수회 출신이라는 뿌리에서 비롯되었다고 보았다. 수도회 소속이었다는 점은 보다 전통적인 경로로 교황직에 오른 인물이라면 익숙하지 않을 '협력'이 몸에 배어 있음을 의미했기 때문이다. 그렇다면 아우구스티노회 출신인 레오 교황 역시 마찬가지일까?

프레보스트가 수도회 총장으로 있을 때 그와 함께 생활했던 아우구스티노회 수도자들은 새 교황의 시노드 정신에 대한 신념을 확인해주었다. 현재 미국 중서부 아우구스티노회의 관구장인 앤서니 피조 신부는 페루에서 존 맥냅 주교가 개척한 선교사 양성 프로그램을 떠올렸다. 프레보스트는 이 프로그램을 적극적으로 받아들여 평신도와 사제들이 교회를 지도하는 데 공동 책임을 지도록 했다. 그는 말했다. "우리가 '시노드'라는 이름을 사용하기 전부터 그 프로그램은 이미 시노드적이었습니다. 주교와 평신도가 함께 걸으며 서로 친교를 이루며 동행하는 것이었죠."

피조 신부는 또한 아우구스티노회 안에서는 공동체 생활이 무엇보다 중시되며, 관구장이 정기적으로 소집되는 참사들과 선교와 운영에 관한 문제를 논의하며 함께 수도회를 운영한다고 설명했다. 그는 이렇게 예를 들었다. "저는 사무국장과 재무 담당과 함께 논의하지 않고는 어떤 결정도 내리지 않습니다."

빌라노바의 성 토마스 관구장이었던 또 다른 아우구스티노회 수도자 도널드 라일리 Donald Reilly 신부 역시 비슷한 평가를 내렸다. 아우구스티노회의 운영 방식에 대해 그는 다음과 같이 말했다. "우리는 위계질서가 뚜렷한 교회 안에서 민주주의적 운영 방식을 가지고 있습니다. 우리는 공동의 관심사가 있으며, 우리가 임명한 사람들에게 권한을 위임합니다."

라일리 신부는 예수회와 마찬가지로 아우구스티노회의 지도자직을 맡는 이들 역시 스스로 임기가 정해져 있다는 사실을 잘 알고 있다고 말했다. 그는 이렇게 설명했다. "임기가 끝나면 그들은 다시 평수도자의 자리로 돌아가게 됩니다. 이것은 곧 우리의 본질인 봉사 정신을 기억하게 하는 원동력이 됩니다. 그리고 이는 합의를 이루는 데도 도움이 됩니다."

성 아우구스티노의 가르침대로 우리는 함께 배울 때 가장 잘 배울 수 있다.

새 교황은 아우구스티노회 출신이라는 배경을 자신의 새로운 직무에 그대로 접목하는 듯 보였다. 선출 다음 날 아침에 열린 감사 미사에서 레오 14세 교황은 교회의 권위자들이 스스로를 드높이려 해서는 안 된다고 말했다. "그리스도께서 머무실 수 있도록 자리를 비켜드리고, 그분이 알려지고 영광을 받으시도록 자신을 낮추며, 모든 이가 그분을 알고 사랑할 수 있도록 자신을 온전히 내어주어야 합니다."[140]

레오 교황은 봉사가 리더십의 중심에 있어야 한다고 말하며 자신의 초기 교황직의 방향을 제시했다. 하지만 이 주제는 그가 교황이 되기 훨씬 이전부터 그의 삶 속에서 깊이 자리하고 있었다. 30세의 젊은 사제로서 로마의 안젤리쿰대학교에서 교회법 박사 과정을 밟고 있던 프레보스트는 '성 아우구스티노회 지역 관구장의 직무와 권위'를 논문 주제로 삼았다. 이것이 단순한 우연이었는지 아니면 언젠가 스스로 지도자의 위치에 오를 것에 대한 관심을 보여주는 표지인지는 알 수 없으나, 거의 20년 뒤 그는 실제로 수도회의 총장으로 부름을 받게 됐다. 프레보스트는 논문에서 다음과 같이 언급했다. "아우구스티노는 '우리는 책임을 맡고 있으며 동시에 종이다. 우리는 권위를 가졌지만, 그것은 우리가 봉사할 때에만 그렇다'라고 말한다. 이렇듯 아우구스티노의 권위 개념에는 자기 이익을 추구하거나 다른 이들에게 권력을 행사하려는 사람을 위한 자리가 없다. 결국, 어떤 그리스도교 공동체 안에서든 권위를 행사하려면 모든 사적 이익을 내려놓고 공동체의 선익을 위해 전적으로 헌신해야 한다. 이것이야말로 지역 장상의 역할을 진정으로 이해하기 위한 출발점으로 삼아야 할 태도다."[141]

교황으로 선출되기 약 40년 전 관구장의 역할에 대해 연구했던 논문은 오늘날 레오 교황이 교황직을 어떻게 바라보는지를 엿보게 한다. 레오 교황이 제시한 자질들은 많은 이들이 개혁 불가능하다고 여겼던 제도를 계속해서 개혁해야 하는 그에게 반드시 필요할 것이다. 프란치스코 교황이 권력 구조의 분권화를 위해 바티칸 체계를 개편하는 작업을 시작했을지라도, 아직 해결해야 할 여러 문제들이 산적해 있음은 로마의 공공연한 비밀이다.

바티칸 내부 정비

프란치스코 교황이 마지막으로 병원에 입원하기 며칠 전인

2025년 2월, 그는 바티칸의 연간 예산 적자를 메우기 위한 새로운 모금 캠페인을 시작했다. 명확한 회계 절차가 한 번도 없었던 바티칸이기에 정확한 수치를 파악하기는 어려운 일이었지만, 2024년 7월 보고서는 연간 운영 예산 적자가 8,700만 달러에 달한다고 추정했다.[142] 바티칸 박물관 입장권 판매라는 단일한 수입원에 의존하는 곳으로서는 매우 큰 부담이 되는 규모의 금액이다. 여기에 더해 약 15억 유로가 부족한 것으로 추정되는 심각한 연금 기금 위기까지 다가오며 상황을 더욱 악화시키고 있다.[143]

　재정 문제 외에도 레오 교황은 성직자 성학대 문제에 대한 대응을 계속 이어가야 하는 과제를 안고 있다. 프란치스코 교황이 2019년 교회법을 개정하여 주교와 수도회가 성학대와 은폐에 대해 직접 책임지게 하는 가장 명확하고 강력한 규범을 마련했지만, 아직 개선이 부족한 점이 있다. 피해자들은 사건이 로마에 접수됐을 때 바티칸이 이를 처리하는 방식에 투명성이 부족하다며 여전히 문제를 제기하고 있다. 특히 일부 고위 인사들이 책임을 지지 않는 것에 심각한 의문이 남아 있다. 예를 들어 전직 예수회 출신인 마르코 루프니크Marko Rupnik 신부의 경우, 그의 혐의는 여전히 많은 피해자들과 그들을 지지하는 이들의 마음속에 큰 상처로 남아 있다. 루프니크는 전 세계 성당들을 장식한 모자이크 작품으로 잘 알려진 예술가였는데, 그에게 학대를 당했다고 주장하는 이들은 아직 정의가 실현되지 않았다고 호소하고 있다. 더구나 여성들에 대한 연속적 학대 의혹에도 불구하고, 바티칸 홍보부는 여전히 그의 작품을 여러 형태의 자료에 사용하고 있다. 루프니크에 대한 이러한 불충분한 처벌은 조직 문화 깊숙이 자리한 책임 회피를 상징적으로 보여주는 것이나 다름없다.

레오 교황 역시 아우구스티노회 관구장 시절과 페루 치클라요 주교 시절 성학대 사건들을 제대로 처리하지 못했다는 의혹에 시달리고 있다. 하지만 이러한 혐의들은 정치적 의도에서 비롯된 것이라는 반박도 빠르게 제기됐다. 첫 번째 사건은 시카고에서 있었던 일로, 사제직이 박탈된 제임스 레이^{James Ray} 신부와 관련된 것이다. 프레보스트가 지역 관구장이었을 당시, 시카고 대교구는 최소 13명의 미성년자를 학대한 혐의를 받고 있던 레이 신부를 가톨릭 초등학교에서 불과 반 블록 떨어진 아우구스티노회 수도회에 거주하도록 허가해달라고 요청했다. 아우구스티노회 측은 이 조치가 시카고의 프랜시스 조지^{Francis George} 추기경의 요청에 따른 것이었다고 설명했는데, 레이 신부의 사건 감독으로 지정된 전문 상담사의 감시를 받을 수 있도록 하기 위한 조치였다. 또한 이 사건은 미국 주교들이 2002년에 성학대 대응에 관한 새로운 지침을 채택하기 이전에 발생한 것이었다.[144] 이에 아우구스티노회 측은 이 사건에서 프레보스트의 역할은 최소한에 불과했다고 주장했다.

더 주목받은 사건은 페루 치클라요 교구의 세 여성과 관련된 것으로, 이들은 프레보스트가 자신들을 학대한 두 명의 교구 사제들에 대한 조사를 회피했다고 주장했다. 이 의혹을 세상에 알린 이는 한때 사제이자 교회법 변호사였으나 파면되어 사제직을 박탈당하고 교회법 실무에서도 배제된 인물이었다. 그는 프레보스트를 지나치게 진보적이라고 여겨 그에 대한 공격을 벌여왔다는 의혹을 받고 있다. 치클라요 교구는 이러한 주장에 반박하며, 프레보스트 주교가 실제로 조사를 실시해 바티칸에 보고했고 해당 사제들의 사목 활동을 금지했다고 밝혔다.

오히려 선출 이후, 레오 14세 교황은 몇몇 저명한 성학대 대응 운동가들로부터 긍정적인 평가를 받았다. 예수회 한스 촐너Hans Zollner 신부는 프레보스트가 아우구스티노회 총장 시절, 2012년 로마에서 열린 국제 아동보호 회의에 참석한 몇 안 되는 수도회 장상 가운데 한 명이었다고 언급했다. 또한 2025년 초 프란치스코 교황이 내부 성학대 문제로 해산시킨 페루의 평신도 가톨릭 단체 소달리티움 크리스티아네 비타에Sodalitium Christianae Vitae의 피해자이자 내부고발자인 페드로 살리나스Pedro Salinas는 프레보스트가 이 폭로를 진지하게 받아들인 몇 안 되는 주교 가운데 한 명이었다고 평가했다.[145]

각 사건의 구체적 내용과는 별개로, 성직자들의 성학대 스캔들이 남긴 그림자는 여전히 개별 교회 지도자들뿐 아니라 교회 전체의 신뢰성을 흔들고 있다. 프란치스코 교황에 의해 미성년자 보호를 위한 교황청 위원회와 같은 조직이 출범했지만, 사람들은 모두 레오 교황 앞에 여전히 미완의 과제가 놓여 있다고 입을 모은다. 레오 교황 선출 소식이 전해진 뒤 성학대 추적 단체인 비숍 어카운터빌리티Bishop Accountability는 새 교황에게 "성학대 종식을 교황직의 핵심 과제로 삼아달라"고 간곡히 호소하며, "교회가 피해자와 그 가족들의 신뢰를 얻는 것은 레오 14세 교황에게 달려 있다"고 강조했다.[146]

전반적인 개혁의 노력과 관련해 레오 교황의 지지자들은 현재 희망을 품고 있다. 프레보스트가 이끌던 교황청 주교부의 위원으로 활동했던 시카고의 쿠피치 추기경은 레오 교황이 "일을 제대로 할 줄 아는 사람"이라고 평했다. 쿠피치는 레오 교황이 "교황청 안에서 계속 이루어져야 하는 쇄신"을 누구보다 잘 인식하고 있으며, 협력적이고 정중한 통치 방식을 취할 것이라고 전망했다. 그는 교황 선출 며칠 뒤 나에게 이렇게 말했다. "그분은 모든 결정을 혼자 내려야 한다고 생각하지 않습니다. 비위를 맞춰줘야 하는 자아도 없습니다. 그저 최고의 인재들과 함께 일을 제대로 해내고 싶어 하실 겁니다."

쿠피치 추기경은 인적 자원이 제한적이고 부서별 갈등이 있는 교황청의 분위기가 앞으로 달라질 것이라고 전망했다. "때때로 부서들이 서로가 발표하는 메시지에 대해 갈등하기도 하고 관계가 약화되기도 했지만 앞으로는 교황청에서 더 나은, 조율된 메시지가 나오게 될 겁니다. 처음에는 어려움이 있을 수 있지만 이후에는 점차 자리를 잡게 될 것이며, 앞으로는 교황청이 훨씬 더 잘 조직된 방식으로 운영되는 모습을 보게 될 겁니다."

검증된 사목자

교황이 가진 무기 가운데 하나는 상징의 힘이다. 교황 요한 바오로 2세가 자신을 암살하려 했던 범인을 껴안는 모습이나, 팬데믹이 절정에 달했을 때 성 베드로 광장에 홀로 서서 기도하던 프란치스코 교황의 모습처럼 교황들은 자신의 이미지를 이용해 특정 메시지를 전달한다. 그리고 그 이미지의 핵심 요소 가운데 하나가 바로 교황의 복장이다.

레오 14세 교황이 세상에 모습을 드러내기도 전에, 사람들은 그가 어떤 복장을 할지에 대해 큰 관심을 보였다. 프란치스코 교황은 선출 직후 성 베드로 대성당 발코니에 모습을 드러내면서, 새 교황들이 통상적으로 입어온 정식 제의를 착용하지 않고 단순한 흰색 수단만을 걸쳐 많은 교회 관계자들을 놀라게 했다. 이는 보다 더 겸손한 교회를 향한 그의 열망을 암시하는 것이었다. 그는 교황 재임 기간 내내 이전 교황들의 형식을 피했고, 이러한 모습을 교황직에 대한 무례로 여긴 일부 전통주의 가톨릭 신자들의 분노를 샀다. 교황 선출 과정에서 실질적으로 접할 수 있는 소식이 많지 않았기에 일부 사람들은 교황의 첫 복장으로 관심을 돌렸다. 새 교황 역시 프란치스코 교황과의 연속성을 드러내고자 전통적인 교황 복장을 포기할 것인가, 아니면 다시 착용해 전통으로의 회귀를 보여줄 것인가?

레오 교황이 전통적인 붉은 모제타 어깨 망토와 영대를 착용하고 등장하자, 이에 대한 추측이 난무했다. 그의 복장은 무엇을 의미하는 것일까? 그의 복장은 베네딕토 16세 교황을 닮아 있었지만, 메시지는 프란치스코 교황과 같았다. 이는 프란치스코 교황 재위 시기 동안 소외감을 느꼈을지도 모를 이들에게 보내는 화해의 제스처이자, 동시에 방향을 바꾸지는 않겠다는 점을 분명히 하려는 의도된 행동이었을 가능성이 높다.

로시 추기경이 콘클라베 이후 내린 평가가 가장 일리 있어 보인다. 그는 추기경단이 "검증된 사목적·신학적·행정적 경험을 갖추었을 뿐 아니라 사람들을 따뜻하게 환대하고 소외시키지 않는 인간적·영성적 자질을 겸비한 사목자를 선출했다"[147]고 말했다. 보수적인 오푸스 데이 Opus Dei[20] 계열과 진보적인 해방신학 운동

---

20 평신도들이 일상생활 속에서도 그리스도를 섬기고 성덕을 행하는 것을 적극적으로 추구하는 가톨릭 단체다. 요한 바오로 2세에 의해 1982년 승인됐다. '세속 안에서의

성향으로 날카롭게 양분되어 있던 페루에서, 프레보스트는 양쪽 모두와 대화할 수 있는 온건한 인물로 평가됐다. 페루 태생이 아님에도 불구하고 그가 2018년 페루 주교회의 부의장으로 선출된 것은 분명히 그가 높이 평가받는 인물이었음을 보여준다.

2023년과 2024년 10월 바티칸 시노드에서 프레보스트와 함께 원탁에 앉았던 이들도 그의 리더십 방식과 첨예한 쟁점들을 다루는 능숙함에 대해 비슷한 이야기를 들려주었다. 그들은 프레보스트를 "겸손하며" "자신의 이념을 강요하지 않는" 인물로 묘사했다.

"그는 어떤 특정한 파벌에 속해 있는 것처럼 보이지 않았습니다. 하지만 그는 분명 회의에 기여하는 인물이었습니다. 온화함 때문에 잘 드러나지 않을 수도 있었지만, 그 안에는 강인함이 있었습니다"라고 롤랜즈는 회상했다.

레오 교황의 선출 직후, 언론인들과 가톨릭 신자들은 그가 지금까지 했던 모든 발언과 인터뷰를 분석하며 새 교황이 교회의 가장 논쟁적인 쟁점들에 대해 어떤 입장을 취할지 가늠하고자 했다. 그러나 세계 곳곳을 다니며 학회에서 기조연설을 하거나 저서를 남긴 일부 추기경들과 달리, 새 교황에 대해 참고할 만한 기록

거룩함'을 추구하는 특성으로 보수적인 경향을 보이는 것이 사실이며, 특히 스페인과 라틴아메리카에서는 보수 정치 세력과 연관이 있다는 지적도 있었다. 대중매체에서 비밀에 싸인 집단으로 묘사해 음모론이 있기도 했으나, 교황청이 정식으로 인정한 교회 단체다.

은 많지 않았다.

동성애와 성 정체성 문제에 관해 살펴보자면, 2012년 프레보스트가 아우구스티노회 총장으로 재직하던 당시 '동성애적 생활 방식'과 '동성 파트너와 그들이 입양한 자녀들로 구성된 대안적 가족'을 비판했던 발언이 그의 선출 전후 며칠 동안 인터넷에서 급속히 퍼져나갔다.[148] 이로 인해 LGBTQ+ 공동체 구성원들을 정기적으로 만나고, 동성 커플을 위한 축복을 허용했으며, 성적 지향과 관련된 질문에 "제가 감히 어떻게 판단할 수 있겠습니까?"라는 유명한 말을 남긴 전임 교황 시기와 달리 가톨릭교회의 기조가 변화될 것인가 하는 의문이 제기됐다.[21]

그런데 2023년에 그는 이미 이 문제에 대한 통찰을 추가적으로 제공한 바 있다. 한 기자가 2012년의 발언 이후 그의 견해가 달라졌는지 묻자, 프레보스트는 프란치스코 교황이 강조한 '포용성'이 자신의 시야를 넓히는 데 도움이 됐다고 답했다. 그는 기자에게 "많은 것들이 변화하는 동안 교회가 열린 마음으로 사람들을 환대해야 한다는 인식 또한 발전했습니다. 그런 차원에서 프란치스코 교황은 누군가 단순히 어떠한 선택을 했다는 이유로 배척

---

21 2012년 〈뉴욕 타임스〉 보도에서 당시 프레보스트 추기경은 일부 서구 언론이 복음과 조화되지 않는 신념과 관행, 특히 '동성애적 생활 방식'과 '동성 파트너와 그들이 입양한 자녀로 구성된 대안적 가족'에 대해 동정적인 태도를 보이는 것에 실망감을 표명한 바 있다.

당해서는 안 된다는 점을 매우 분명히 하셨다고 생각합니다"라고 말했다.

그는 이어서 "교리는 변하지 않았고, 누구도 그러한 변화를 추구한다고 말한 적도 없습니다. 다만 우리는 더 환대하고 더 열린 태도를 지향하며, 모든 사람이 교회에서 환영받는다고 말하려는 것입니다"라고 덧붙였다.[149]

내가 콘클라베 이후 한 추기경에게 이에 대해 물었을 때 그는 말했다. "프란치스코 교황은 동성 결혼을 찬성하지 않았고 레오 교황도 마찬가지입니다. 하지만 두 교황님들은 이러한 사람들조차도 모두 교회 안에서 환대를 느껴야 한다고 생각하십니다."

다른 사회적 쟁점들에 대한 프레보스트의 과거 입장은 교회의 전통적인 가르침과 정확히 일치한다. 그는 낙태와 안락사에 반대하는 입장을 분명히 밝혔으며, 종교적 신념과 관계없이 모든 고용주에게 직원 건강보험 혜택으로 피임약, 피임 시술, 불임 시술과 같은 피임 서비스 비용을 의무적으로 부담하도록 요구한 버락 오바마 행정부의 정책을 비판하기도 했다.

교회 내 여성의 역할에 관한 프레보스트의 입장은 프란치스코 교황과 같은 기조를 보인다. 그는 교황청의 행정 기구 안에서 여성들이 지도적 직책을 맡는 것을 전적으로 지지했으며, 시노드 사무국의 베카르 수녀 그리고 교황청 라틴아메리카위원회 사무

총장 에밀세 쿠다$^{\text{Emilce Cuda}}$와 긴밀히 협력했다. 또한 2023년 주교부 위원에 여성을 포함시키기로 한 프란치스코 교황의 결정을 지지하면서 "여성들의 의견은 또 다른 관점을 제시하고 결정에 중요한 보탬이 됩니다"라고 말했다.[150]

세계가톨릭여성연합회 전임 회장이자 주교부 위원으로 활동했던 아르헨티나 출신 마리아 리아 세르비노$^{\text{Maria Lia Zervino}}$는 레오 교황의 리더십을 높이 평가했다. 교황 선출 후 그녀는 다음과 같이 말했다. "새 교황이 여성들과 어떻게 협력해야 하는지, 어떻게 대화하고 경청하며, 여성들을 교회의 의사 결정에 어떻게 참여시켜야 할지를 따로 배울 필요가 없다고 확신합니다. 왜냐하면 그것은 그가 평소에 해온 일이기 때문입니다." 그녀는 이어서 "균형 잡히고 평화로우며 타인을 존중할 줄 알고, 열린 마음으로 언제나 타인의 목소리를 들을 준비가 되어 있는 모습을 보며 그분을 더욱 신뢰하게 됐습니다"라고 덧붙였다.[151]

여성 사제 서품 가능성에 대해서 그는 보다 전통적인 입장을 표명했다. 이 문제와 관련된 교회의 "매우 중대하고 오랜 전통"은 잘 알려져 있으며 이를 바꿀 의향이 없다고 말한 것이다. 그는 "여성을 성직자화하는 것"에 대한 우려를 표명하면서도, 프란치스코 교황이 재논의를 시작했지만 결론을 내리지 못했던 여성 부제직 복원 문제에 대해서는 명확한 입장을 밝히지 않았다. 그는

2023년 기자회견에서 "여성의 부제직과 관련해 두 차례의 위원회 활동이 있었다는 사실은 분명 그 문제를 심도 있게 검토할 의미가 있음을 보여줍니다."[22]라고 말했다.[152] 이제 그 위원회들의 작업을 어떻게 이어갈지는 그의 결정에 달려 있다.

한편 오늘날 세계가 직면한 가장 어려운 정치적·정책적 문제들에 대해 새 교황이 어떠한 생각을 가지고 있는지에 관해서는, 현재는 삭제된 프레보스트의 소셜미디어 계정들이 중요한 단서를 제공해준다.

안데스 산맥에서 말을 타고 있는 모습, 크리스마스 파티에서 〈펠리스 나비다 Feliz Navidad〉를 노래하는 모습, 폭풍우가 지난 후 홍수 속을 헤치며 주민들을 돕는 모습, 그리고 그가 가장 좋아하는 시카고 화이트 삭스 팀의 월드 시리즈 경기를 관람하는 모습까지, 그에 대한 유쾌한 영상과 사진들이 퍼져나갔다. 그러나 더 의미심

---

[22] 위원회는 2016년~2018년(제1차)과 2020~2022년(제2차)에 걸쳐 열렸다. 이 중 제1차는 초기 교회 전통 안에서 여성 부제의 존재와 역할을 연구하고, 특히 고대 문헌·전례 자료에서 여성 부제가 실제로 어떤 직무를 수행했는지 규명하는 것을 목적으로 했다. 역사학자, 신학자, 교부학자 등 12명(남성 6명, 여성 6명)으로 구성된 이 위원회는 2018년 교황에게 최종 보고서를 제출했으나 그 내용은 공개되지 않았고 학자들 사이에 의견 합의가 이루어지지 않았다고 전해진다. '역사적으로 여성 부제가 존재했다'는 점은 분명하지만 그것이 성품성사의 부제직과 동일한지에 대해서는 결론을 내리지 못했기 때문이다. 제2차는 교부 시대 연구를 넘어 더 다양한 지역 교회의 자료(특히 동방교회와 아마존 교회의 경험)를 참고해 여성 부제직의 역사적·신학적 의미를 다시 검토하고자 했으나, 역시 명확한 합의에 이르지 못했다.

장한 것은 그가 이전 트위터 계정에 공유한 내용들이다. 그는 자신의 계정에 정치적·도덕적으로 첨예한 쟁점들에 관한 기사와 링크들을 자주 공유했다.

한 게시물에 그는 간단히 "사형제도를 끝낼 때가 됐다"라고 썼다. 또 다른 게시물에서는 성직자에 의한 학대 피해자들을 지지하는 내용을 공유했다. 그러나 그의 선출 직후 사람들의 이목을 가장 집중시킨 것은 고국에서 벌어지고 있는 일들에 대해 그가 몹시 동요하는 모습을 보였다는 점이었다.

레오 교황이 선출되기 수년 전, 트럼프가 반이민 정책을 내세워 막 재선에 성공했던 시기에 프란치스코 교황은 세계에서 가장 두드러진 이주민 옹호자였다. 사망하기 불과 몇 달 전인 2월, 프란치스코 교황은 거의 전례 없는 서한을 미국 주교들에게 보내 대통령의 대규모 이주민 강제 추방 계획에 맞서 단결할 것을 촉구했다. 프레보스트 또한 이 문제에 관여했을 것이 거의 확실하다. 관례상 특정 국가의 주교단에 전달되는 서한에는 그들을 감독하는 주교부의 관여가 포함되기 마련이고, 당시 그 부서 담당자가 프레보스트 추기경이었기 때문이다. 이 서한에는 가톨릭으로 개종한 지 얼마 되지 않은 미국 부통령 J. D. 밴스가 행정부의 이주민 단속을 옹호하기 위해 가톨릭 신학을 끌어들인 것에 대한 비판적 답변도 포함되어 있었다.

공교롭게도 아우구스티노회 출신 인물이 교황으로 선출되기 몇 달 전, 밴스는 미국이 세계 역사상 가장 부유한 나라임에도 불구하고 이주민을 돌볼 의무가 없다는 주장을 뒷받침하기 위해 아우구스티노의 '사랑의 질서$^{Ordo\ Amoris}$'[23] 개념을 끌어왔다. 그는 폭스뉴스와의 인터뷰에서 "당신은 먼저 가족을 사랑하고, 그다음 이웃을 사랑하며, 이어서 공동체를 사랑하고, 마지막으로 조국의 국민들을 사랑합니다. 그 이후에야 비로소 나머지 세상의 다른 지역에 집중할 수 있습니다"라고 말했다.

프란치스코 교황은 주교들에게 보낸 서한에서 밴스의 이름을 직접 언급하지는 않았지만 이에 단호히 반박했다. 그는 "우리가 끊임없이 '착한 사마리아인'의 비유를 묵상함으로써 발견하게 되는, 모든 이를 예외 없이 받아들이는 형제애를 세우는 사랑, 바로 그것이 증진되어야 할 참된 사랑의 질서다"라고 썼다.[153]

---

[23] 아우구스티노가 정의한 개념으로, 사랑의 우선순위를 정하는 질서를 의미한다. 아우구스티노는 이 안에서 모든 이를 평등하게 사랑해야 하지만, 현실적으로는 가까운 사람부터 돌보는 것이 불가피하다고 정의 내렸다. 이는 결코 먼 사람을 배제하라는 논리가 아니라 모든 이를 사랑하되 질서를 가지고 사랑해야 한다는 의미이지만 밴스는 이를 국가주의적 자기 우선 논리로 축소 해석한 것이다. 프란치스코 교황은 "인간의 존엄성, 특히 가장 가난하고 소외된 이들을 존중하는 것이 바로 참된 법치주의의 척도"라며 "사랑은 동심원의 확장처럼 자기만족적 질서로 한정되지 않고, '선한 사마리아인'의 이야기처럼 경계를 넘어선다"고 말해 밴스의 왜곡된 시각을 바로잡고자 했다. 또한 "강경한 이민 정책이 실행될 경우 극심한 빈곤, 박해, 환경 악화 등으로 자국을 떠난 이들의 존엄성을 훼손하게 되며 불법 이민자의 지위를 범죄로 간주하는 조치에는 옳게 형성된 양심이 반대해야 한다"고 비판했다.

이에 대해 프레보스트는 X에 "J. D. 밴스는 틀렸다. 예수님은 우리에게 타인에 대한 사랑을 순위 매기라고 요구하지 않으신다"라는 글을 올렸다. 이 문장은 내가 몸담고 있는 〈내셔널 가톨릭 리포터〉에 실린 기사 제목이기도 했다. 밴스가 프란치스코 교황이 사망하기 전에 만난 마지막 고위 인사였고, 특히 이민자 문제를 두고 트럼프와 프란치스코 교황이 여러 차례 충돌했던 사실을 고려할 때, 언론인들은 첫 미국인 교황인 레오 교황이 워싱턴과 로마의 관계 개선을 시도할지, 아니면 불화가 계속될지를 궁금해했다.

이 기사는 특히 보수주의자들의 새 교황에 대한 여론 형성에 영향을 미쳤다. 한 저명한 트럼프 지지자는 레오 교황을 "각성한 woke 마르크스주의 교황"이라고 단정적으로 묘사했다. 이는 향후 며칠간 다른 미국 보수층 사이에서도 반복될 표현이었다.[154]

보수주의적 성향의 토크쇼 진행자이자 전 트럼프 백악관 고문이었던 스티브 배넌 Steve Bannon은 새 교황과 대통령 사이에 "분명 마찰이 일어날 것"이라고 주저 없이 예측했다. 극우 논객 로라 루머 Laura Loomer는 레오 교황을 "반反트럼프, 반反MAGA[24], 친親국경 개방, 완전한 마르크스주의자"라고 표현했다. 전 미국 상원의원 릭

---

24 'Make America Great Again(미국을 다시 위대하게 만들자)'의 약어다. 트럼프의 대선 캠페인 슬로건으로 사용되면서 널리 알려졌으며, 이후 그의 지지층과 정치 노선을 상징하는 표현으로 자리 잡았다.

샌토럼Rick Santorum은 새 교황이 미국 출신임에도 불구하고 즉위 연설에서 영어를 사용하지 않았다는 점에 불만을 표출했다.[155]

〈더 페더럴리스트The Federalist〉 역시 새 교황이 이전에 총기 규제가 필요하다고 말했고, 조지 플로이드George Perry Floyd Jr 사망 사건[25] 이후 기도를 바쳤다는 이유로 서둘러 그를 '각성한 교황'으로 낙인찍으려는 듯했다.[156]

레오 교황은 생애 대부분을 미국 밖에서 보냈지만, 고국의 교회를 병들게 한 양극화의 그림자를 피하지는 못할 것으로 보인다. 또한 이제 그는 교회의 사회 교리가 미국 정치 지형과 잘 들어맞지 않는다는 사실을 세계에 상기시킬 준비가 되어 있는 듯하다. 낙태에 반대하면서도 동시에 이주민과 기후 변화의 피해자들을 대변하는 교황은 어느 아우구스티노회 동료 수도자의 말처럼 "보수주의자들을 크게 기쁘게 하면서도 때로는 실망시킬 것이며, 자유주의자들 또한 크게 기쁘게 하면서도 때로는 실망시키기도 할 것"이다.

선출 당일 밤에 이루어진 첫 연설에서 레오 교황은 "평화와

---

25   2020년 5월 25일 흑인 플로이드는 담배를 구입하다가 위조지폐 사용 의혹으로 경찰에 신고당했고, 출동한 백인 경찰관에 의해 약 9분 29초 동안 목을 압박당했다. 플로이드는 숨을 쉴 수 없다고 반복해 외쳤으나 경찰은 이를 멈추지 않았고 결국 그는 현장에서 의식을 잃고 사망했다. 이후 미네소타주를 시작으로 미국 전역에서 'Black Lives Matter(흑인의 생명도 소중하다, BLM)' 시위가 폭발적으로 확산됐으며 인종 차별 철폐, 경찰 개혁, 제도적 불평등 해소 요구가 전국적인 의제로 떠올랐다.

정의를 함께 찾아 나서는 하나 된 교회, 두려움 없이 예수 그리스도께 충실하고 그리스도를 선포하며 복음에 충실한 선교적 교회, 여성과 남성이 함께 일하는 교회"를 꿈꾸고 있다고 말했다.

펜실베이니아에 있는 그의 아우구스티노회 동료 라일리 신부는 이렇게 말했다. "교황의 말씀은 바로 잘 짜인 각본^{libretto}과도 같습니다. 아우구스티노회 출신이기에 스스로 어떻게 행동해야 할지를 잘 알고 있지요. 그는 우리가 서로 대화할 수 있는 토대를 마련해주고 있습니다."

교황 대對 대통령?

미국 대통령이 세계 질서를 극적으로 재편하고 있는 이 시기에 최초의 미국 출신 교황이 선출됐다는 사실은 바티칸과 미국의 관계에 대해 많은 의문을 불러일으켰다. 일부 미국 정치 및 교회 지도자들은 레오 교황이 첫 연설에서 말했듯 '다리를 놓는' 지도자로서 활동한다면, 그 안에는 미국을 향한 구체적인 화해의 제스처도 포함될 것이라며 기대를 보이고 있다.

도널드 트럼프 대통령은 백악관 집무실에서 막 행사를 마치고 자신에게 새로운 경쟁자가 생겼다는 소식을 들었다. 그는 이제 더 이상 세계에서 가장 유명한 미국인이 아닐지도 몰랐다. 대중의 환호를 먹고 사는 사람이었지만 그는 제법 덤덤하게 이 소식을 받아들이는 듯 보였다. 그는 기자들에게 "조금 놀랐고 매우 기쁘게 생각한다"라고 말했고, 소셜미디어에 레오 14세 교황과의 만남을 고대한다며 그것은 "매우 의미 있는 순간"이 될 것이라고 썼다.[157]

그럼에도 불구하고 프레보스트가 소셜미디어에 트럼프 행정부를 비판하는 글들을 공유했던 사실을 고려할 때, 두 사람이 일치된 의견을 보이지 않을 것은 확실하다. 다만 미국 교계의 일부 트럼프 지지자들은 혹시 모를 마찰에 대한 추측을 완화하려 애썼다.

누가 교황으로 선출되기를 원하는지 묻는 질문에 트럼프가 선택했던 인물인 뉴욕의 티머시 돌런 추기경은 레오 교황 선출 다음 날 기자들에게 이렇게 말했다. "그가 미국 출신이라는 사실이 교황 선출에 크게 영향을 미쳤다고 생각하지 않습니다. 또한 우리가 레오 교황을 '다리를 놓는 사람'으로 바라보는 것은 놀라운 일이 아닙니다. 교황을 지칭하는 라틴어 '폰티프pontiff'가 바로 다리를 의미하기 때문입니다."

돌런 추기경은 이어서 말했다. "레오 교황이 도널드 트럼프와의 관계에 다리를 놓으려 할까요? 저는 그럴 것이라 생각합니다. 하지만 그는 미국 대통령뿐만 아니라 모든 나라의 지도자들과의 관계에 다리를 놓기를 원할 것입니다. 저는 제 동료 추기경들이 그를 특정 인물에 대한 견제자로 여겼을 것이라고는 전혀 생각하지 않습니다."[158]

다른 미국 추기경들 또한 레오 교황의 출신국이 갖는 중요성을 최소화함으로써, 미국 대통령과 미국인 교황 간의 대결이라는 언론이 좋아할 만한 관심을 축소하려고 했다.

워싱턴 D. C.의 로버트 매켈로이 추기경은 말했다. "그가 미국인이라는 사실이 콘클라베 논의에 끼친 영향은 놀라울 정도로 거의 미미했습니다."

미국인들은 자기중심적으로 사고하는 경향이 있기 때문에, 레오 교황의 선출이 자신들의 나라와 교회에 어떤 의미를 갖는지에 관심을 두는 것은 놀라운 일이 아니다. 그러나 추기경들이, 특히 다른 지역 출신 추기경들이 이러한 역학 관계를 염두에 두고 프레보스트 추기경에게 투표했을 가능성은 매우 낮다.

매켈로이 추기경의 전임자였던 윌턴 그레고리 추기경은 콘클라베가 미국의 정기적인 정치 선거가 아니라고 언급해 기자들을 웃게 만들었다.

"콘클라베는 정치적 선거가 아닙니다." 그레고리 추기경은 말했다. "그것은 하느님의 백성들 가운데 그리스도교 신앙을 강화하려는 열망으로 이루어집니다."

기로에 선 교회

프레보스트가 레오 14세 교황으로 선출된 뒤 며칠 동안, 세상은 비교적 잘 알려지지 않은 이 인물을 이해하려 애썼다. 그의 이름이 뒤늦게 거론되긴 했지만 실제로 그가 선출되리라 예상한 이는 거의 없었다. 여러모로 레오 교황은 백지나 다름없었다. 그러나 서서히, 그리고 확실히 로버트 프랜시스 프레보스트의 모습이 드러났다. 그는 시카고 출신으로 미국인의 가장 좋은 특징인 모자이크와도 같은 다양한 뿌리를 지닌 인물, 페루로 선교를 떠나 그곳 사람들과의 경험을 통해 사목자의 참의미를 배운 선교사, 그리고 성 아우구스티노의 정신을 이어받아 성 베드로의 열쇠를 물려받게 된 인물이었다.

가톨릭교회의 제267대 교황으로서 레오 교황의 선출은 여러모로 극적인 대조의 연속이라 할 수 있다. 점잖은 미국인 교황과 호언장담하는 미국 대통령, 로마 교황청에서 불과 몇 년만을 보낸 바티칸의 외부인과 권력의 상징인 관료제, 소박한 페루의 사목자와 교황직을 떠올리게 하는 화려한 의식과 장엄함의 대조다.

레오 교황이 자신에게 부여된 이 지위를 어떻게 활용할지는 여전히 안갯속에 가려져 있다. 우리는 그가 현대 사회에 대해 깊은 우려를 품고 있으며, 급격한 사회적 변화가 이미 소외된 사람들을 어떻게 위협할지 걱정하고 있음을 알고 있다. 또한 예수 그리스도에 대한 진실하고 흔들림 없는 신앙을 가지고 있으며, 복음을 통해 이 세상이 간절히 필요한 평화를 찾게 되기를 기도하고 있다는 것도 알고 있다. 앞으로 수개월, 수년 동안 레오 교황은 회칙을 발표하고, 세계 각국의 정상들과 만나며, 전 세계를 순방할 것이다. 그는 새 주교들을 임명하고, 자신만의 최고 참모진을 구성하며, 수많은 강론을 전할 것이다. 기로에 선 가톨릭교회가 앞으로 나아가는 여정에서, 과연 누가 그를 따라나설 것인지는 여전히 남아 있는 과제다.

이러한 가운데 두 가지 장면이 내 마음속에 깊이 남아 있다.

첫 번째는 프레보스트가 성직자 복장인 검은 바지에 흰 칼라를 착용한 채 당나귀에 올라앉아 있는 사진이다. 장소는 아마도 페루일 것이다. 그의 양옆에는 한 무리의 아이들이 서 있고, 사목자와 함께 있는 기쁨에 환하게 웃고 있다. 그들은 함께 언덕을 오르고 있으며, 뒤로는 산맥이 펼쳐져 있고, 아이들은 밝고 화려한 색상의 옷을 입고 있다. 프레보스트는 카메라를 향해 주교 반지가 보이는 손을 든 채 미소 짓고 있다. 여러모로 그 사진 속 미소는 교황 선출 이후 몇 주 동안 공식 교황 행사에서 보였던 미소보다 훨씬 더 자연스럽다. 그것은 자기 백성들 가운데에서 복음을 전하며 로마의 장엄함에서 멀리 떨어진 곳에서 살아가는 것을 기뻐하는 소박한 사목자의 미소다.

두 번째 장면은 그가 선출되고 불과 48시간도 지나지 않아 일어난 최근의 일이다. 토요일 오후, 레오 교황은 즉위 후 처음으로 바티칸을 떠났다. 로마에서 차로 한 시간 정도 떨어진 언덕 위의 마을 제나차노에 있는 '선한 의견의 어머니 성모 성지'를 예고 없이 방문하기 위해서였다. 그의 목적은 14세기 이래 아우구스티노회가 관리해온 고대의 성화 〈선한 의견의 어머니〉를 참배하는 데 있었다. 그는 한동안 성화 앞에서 기도를 바치고 그곳 공동체와 비공개 만남을 가진 후, 거리로 나와 그의 깜짝 방문을 기뻐하는 지역 주민들로 가득한 광장에 모습을 드러냈다. 주민들은 교황의 이름을 외치며 손을 내밀었다. 새 교황은 잠시 사진 촬영을 하고 사람들과 포옹한 뒤 짧은 연설을 했다. 그는 새로운 직무를 시작하는 시기에 이 특별한 곳을 찾고 싶었다고 말하며, 과거 아우구스티노회 총장으로 선출된 후 이곳을 방문해 "교회를 위해 자신의 삶을 봉헌하기로"[159] 다짐했던 일을 회상했다.

그는 군중을 축복하고 손을 흔든 뒤 승합차 조수석에 올라탔다. 페루에서 당나귀에 올라탔던 그 사진처럼, 이번에도 그는 자신의 양 떼들에 둘러싸여 있었다. 그러나 차이가 있다면, 이제 그는 온 세상을 목자로서 돌봐야 하는 사명을 맡게 됐다는 것이었다.

(**맺음말**)

사랑과 일치

레오 교황이 선출된 지 세 시간이 채 되지 않아, 그의 아우구스티노회 동료 조지프 패럴 신부는 언론의 취재 요청에 파묻혔다. 마침 여러 국제 방송사들의 콘클라베 취재 장소가 성 베드로 광장이 한눈에 내려다보이는 아우구스티노회 본부 옥상이었기 때문이다. 방송 제작자들은 아우구스티노회가 곧 콘클라베의 중심이 될 것이라고는 미처 예상하지 못했지만, 결과적으로 취재를 위해 지출한 비용에 충분한 보상을 받게 됐다. 한때 그 건물의 거주자이자 지도자였던 인물이 콘클라베의 주인공이자 가장 유명한 인물이 된 것이다.

    패럴 신부는 카메라를 옮겨 다니며 시카고 출신의 비교적 알려지지 않은 사목자 로버트 프랜시스 프레보스트가 어떻게 가톨릭교회의 교황이 됐는지를 설명하는 데 최선을 다했다. 인터뷰 사이사이 패럴은 오랜 친구의 삶에 방금 일어난 일을 이해하려 애썼다. 불과 이틀 전, 그때는 추기경이었던 프레보스트가 형제들과 함께 점심 식사를 할 때 그를 만난 바 있었다. 공동체와의 점심은 프레보스트의 일상적인 습관이었고, 그날 유일하게 달랐던 점은 식사에 함께한 이들이 특별히 그를 위한 기도를 바쳤다는 것이었다. 패럴은 훗날 나에게 "우리는 그저 콘클라베라는 중대한 순간에 참여하게 될 형제를 위해 축복의 기도를 드린 것뿐이었습니다"라고 말했다.

옥상에서 수많은 질문들이 쏟아졌다. 새 교황의 정치적 성향은 무엇인가? 그의 취미는 무엇인가? 그가 자주 가던 테니스장은 어디에 있는가? 정말로 그는 매일 〈뉴욕 타임스〉의 '워들Wordle' 게임을 하는가? 아우구스티노회를 이끌었을 때 그가 직면했던 가장 큰 도전은 무엇이었는가?

그의 고향 시카고에서는 레오 교황의 선출을 열광적으로 환영했다. 최초의 미국인 교황을 축하하는 밈들이 소셜미디어를 뒤덮었고, 시카고 시민들은 새로운 고향의 영웅을 기념하고자 했다. 시카고 컵스는 리글리 필드 외부에 있는 그들의 상징인 붉은 네온사인 간판에 새 교황이 자신들의 팬이라고 주장했다. "헤이, 시카고, 그는 컵스 팬이야!" 한편 시카고 남부에서 자란 레오 교황이 화이트 삭스를 응원했을 것이라고 생각하는 사람들도 있었다. 기자들은 취재에 나섰고, 패럴 신부는 다른 어떤 질문보다 이 질문을 더 많이 받았다. "교황은 컵스입니까, 삭스입니까?"

"좋아, 직접 물어보지 뭐." 패럴은 별문제 없을 거라 생각하며 재빨리 문자 메시지를 보냈다. 그 직후, 새 교황에게서 한 단어의 답장이 도착했다. "삭스."

선출 다음 날, 나는 아우구스티노회 본부로 다시 돌아왔다. 패럴 신부와 나는 작은 응접실에 앉아 지난 24시간 동안의 감격스러운 사건들을 되짚어보고 있었다. 그는 이렇게 털어놓았다. "사실 그가 몇 분 전에 직접 전화를 걸어왔습니다."

"교황님이요?" 내가 되물었다.

"네, 맞아요. 다음 주에 그의 형제들이 로마에 오는데 숙소 문제를 해결하려고 한 겁니다. 그래서 제가 그랬죠. '밥Bob[1], 이런 걸 왜 나한테 전화해서 묻는 거야?'"

"저는 심지어 그를 '밥'이라고 불렀어요." 그는 덧붙였다. "익숙해지기가 참 어렵군요."

교황은 그에게 이렇게 대답했다. "그들은 내 형제들이잖아. 내가 그냥 챙기는 거야."

---

[1] 교황의 본래 이름 '로버트Robert'의 흔한 애칭이다.

교황 선출 이후 추기경단과의 첫 만남에서 교황은 자신이 '레오'라는 교황명을 선택한 이유에 대해 더 깊은 설명을 내놓았다. 그는 1891년에 레오 13세 교황이 발표한 역사적 회칙 〈새로운 사태〉를 상기시켰다. 이 회칙은 산업혁명 시대에 세계가 직면했던 시급한 문제들을 다룬 문헌이었다. 그는 오늘날 세상이 인공지능의 급속한 발전으로 인해 또 다른 혁명을 맞이하고 있다고 설명했다. 또한 AI가 많은 사회적 이점을 제공하지만, 교회는 "인간의 존엄성, 정의, 노동의 권리를 수호하기 위해"[160] 그것이 어떤 도전을 가져오는지 분명히 직시해야 한다고 말했다.

19세기, 경제적·기술적 변화가 사회를 극단적으로 분열시키고 있을 때 한 교황은 목소리를 높여 다른 길을 제시했다.

이제 레오 14세 교황이 그와 같은 길을 걸으려 하고 있다.

며칠 뒤인 5월 18일, 교황 즉위 미사에 참여하기 위해 20만 명이 넘는 인파가 성 베드로 광장을 가득 메웠다. 햇살이 광장을 환히 비추고 있었다. 수년간 수많은 교황 미사와 알현에 참석했지만, 나는 이토록 많은 미국 국기를 본 적이 없었다. 그것은 교황 전례라기보다 대통령 취임식을 연상케 했다.

미사 시작 한 시간 전, 레오 교황은 생애 처음으로 교황 전용

차에 올랐다. 지붕이 없는 흰색 차량에 올라탄 그는 자신을 호위하는 경호원들에게 어디에 서야 하는지, 무엇을 잡아야 하는지를 물었다. 곧 차가 출발했고, 그는 다시 사람들 사이에 있었다. 많은 이들이 성조기를 흔들었고, 축복을 받고자 아기를 안아 올렸으며, 일부는 "U-S-A!"를 연호하기도 했다. 대중을 만나는 것은 불과 한 달 전 임종을 앞둔 전임 교황의 마지막 공식 활동이었다. 어느덧 다음 교황의 같은 활동이 새로운 시작을 알리고 있었다.

장엄한 즉위 미사는 성 베드로 대성당에서 시작됐다. 레오 교황은 성 베드로의 무덤으로 내려가 자기 자신과 역사상 첫 교황과의 연결을 가시적으로 드러냈다. 성가대는 라틴어로 〈투 에스 페트루스 Tu es Petrus (너는 베드로다)〉를 노래했다. 전례가 계속되고 광장으로 행렬을 이어나갈 때까지 그는 특유의 평온함을 유지했다. 하지만 새 교황에게 수여되는 '어부의 반지'를 받게 되자 눈에 띄게 벅찬 감정을 드러냈다. 오른손에 끼워진 황금 반지, 곧 새로 부여된 권위를 상징하는 반지를 내려다보며 그는 잠시 목이 메었고, 이내 눈을 감고 짧은 기도를 드렸다.

그의 왼편에는 약 30명의 국가 원수들과 수백 명의 외교관 및 고위 인사들이 자리하고 있었다. 미국의 J. D. 밴스 부통령과 마코 루비오 Marco Rubio 국무장관, 우크라이나의 볼로디미르 젤렌스키 대통령도 그 자리에 있었다. 시카고의 비공식 대사로 불리는 오프

라 윈프리도 고향을 대표해 군중 속에서 함께했다.

강론 시간이 되자 레오 교황은 두 가지 단순한 주제, 곧 사랑과 일치에 대한 10분간의 묵상을 나누었다.

"우리는 여전히 너무나 많은 불화, 증오와 폭력, 편견과 다름에 대한 두려움, 그리고 지구의 자원을 착취하고 가장 가난한 이들을 소외시키는 경제 패러다임이 빚어낸 수많은 상처들을 보고 있습니다." 그는 탄식하며 그리스도인들이 사랑과 형제애라는 더 나은 증거를 보여야 한다고 강조했다. 그리고 〈새로운 사태〉를 인용하며 덧붙였다. "우리는 오늘 스스로에게 질문해야 합니다. 만약 우리 그리스도인들의 기준이 세상에 널리 퍼진다면, 모든 갈등은 사라지고 평화가 돌아오지 않겠습니까?"

"형제자매 여러분, 지금이야말로 사랑할 시간입니다!" 레오 14세 교황은 이렇게 강론을 마무리했다. "복음의 핵심은 우리를 형제자매로 만드는 하느님의 사랑입니다."[161]

이는 교황 선출 다음 날, 새 교황이 형제들의 숙소 문제를 위해 패럴 신부와 통화했을 때와 같은 메시지였다. 우리는 모두 형제자매이며, 그렇다면 당연히 서로를 보살펴야 한다는 것이었다.

8

즉위 미사의 입당과 퇴장 행렬 때, 레오 교황은 바오로 6세 교황이 의뢰해 제작한 목자의 지팡이papal ferula를 들었다. 이탈리아 예술가 렐로 스코르첼리Lello Scorzelli가 디자인한 이 지팡이는 꼭대기에 은으로 된 십자가가 붙어 있으며, 이후 역대 교황들이 사용해왔다. 바오로 6세가 그것을 처음 사용한 때는 1965년 12월 8일, 제2차 바티칸 공의회의 폐막 때였다.

공의회 폐막 2년 전 바오로 6세 교황은 요한 23세 교황이 시작한 개혁을 이어받고, 때로는 힘든 과정의 연속이었던 제2차 바티칸 공의회를 마무리 짓기 위해 선출됐다. 그는 전임자를 흉내 내기 위해 뽑힌 것이 아니라, 교회를 현대 세계에 개방해야 한다는 목표를 공유하고 있었기 때문에 선출된 것이었다. 공의회가 끝나고 교회의 전례는 개혁됐고, 평신도들은 교회 생활에 더 깊이 협력하도록 독려됐으며, 가톨릭과 다른 종교들의 관계가 새롭게 정립됐고, 주교들은 교황과 더 깊은 공동체 의식과 친교를 나누도록 장려됐다. 이 공의회로 인해 뒤흔들린 '벌집'은 안정을 추구하는 것이 아니었다. 오히려 그것은 교회가 영원히 도전하고 발전하는 데 도움을 줄 것으로 기대됐다.

2013년 프란치스코 교황이 선출됐을 때, 그는 공의회의 정신을 되살리고 많은 이들이 생명 유지 장치에 의존하고 있다고 느끼던 기관을 다시 숨 쉬게 하겠다고 다짐했다. 앞선 요한 23세 교황처럼 그는 새로운 과정을 시작했다. 프란치스코 교황은 교회가 직면한 문제들에 대해 단순한 해결책을 제시하는 대신 토론과 논의를 열어 복잡한 문제들이 드러나기를 원한다는 의미에서 "시간은 공간보다 위대하다"라는 말을 자주 하곤 했다. 결정적으로 그는 특히 공의회가 의도했던 하느님의 모든 백성이 함께 참여하는 교회가 아직 실현되지 않았다고 여겼고, 복잡한 교황청 중앙 관료제가 분권화되어야 한다고 보았다. 프란치스코 교황은 전 세계 시노드 협의 과정이 이러한 목표들을 달성하는 데 도움이 된다고 생각했다. 하지만 이것은 힘든 과제였고, 이제 그 임무 완수는 레오 교황의 몫이 됐다.

　　바오로 6세가 사용했던 지팡이를 손에 쥔 채로, 레오 교황은 자신의 베드로 직무 시작을 축하하기 위해 성 베드로 광장을 가득 메운 20만 명이 넘는 순례객들을 바라보았다. 전례를 마치기 전, 그는 미사 내내 프란치스코 교황이 영적으로 함께하고 있음을 느꼈다고 말했다. 그는 베르니니가 설계한 대리석 회랑 위에 있는 140명의 성인상들로 둘러싸인 군중을 응시했다. 그 상징적인 회랑은 두 팔을 활짝 벌려 세상을 향해 열려 있었다. 이는 레오 교황이 교회가 세상에 모범으로 보여주기를 바라는 모습과도 같았다.

그가 사도적 축복을 내릴 즈음, 바티칸 공보실은 레오 14세 교황의 하루 전체 일정을 담은 이메일을 발송했다. 그를 기다리고 있는 일들은 너무나 많았다.

(감사의 말)

이 책은 두 번의 '공백기' 동안 집필됐다. 그중 하나는 교황직의 공백기였고, 다른 하나는 내가 〈내셔널 가톨릭 리포터〉의 바티칸 특파원에서 조지타운대학교의 가톨릭 사회 교리와 공적 참여 활동 센터로 자리를 옮기는 사이의, 나의 공백기였다. 두 기관에서 함께한 동료들의 통찰과 지혜 덕분에 내 작업은 한층 더 나아질 수 있었다. NCR의 마이클 션 윈터스, 카밀로 바로네, 리나 기도스는 콘클라베의 훌륭한 동반자였다. 조지타운대학교의 킴 대니얼스와 존 카는 본받을 만한 지도자들이었고, 이제 그들의 팀에 합류하게 된 것을 영광으로 생각한다.

프란치스코 교황과 함께 전 세계를 다니는 일은 언제나 고된 일이었지만 루 베스몽, 이아카포 스카라무치, 클레망 멜키, 사라 벨루에자네와 같은 동료들 덕분에 이 모험에는 늘 훌륭한 음식과 음료가 곁들여졌고, 그 과정에서 깊은 우정을 쌓을 수 있었다.

특별히 감사한 동료 언론인들이 많다. 물론 이 책의 부족한 부분에 대한 책임은 전적으로 나에게 있지만, 이들은 수년에 걸쳐 나의 작업에 큰 도움을 주었다. 존과 엘리스 앨런, 제베리나 바르토니체크, 엘리자베스 디아스, 델리아 갤러거, 캐럴 글래즈, 치코 할런, 제이슨 호로위츠, 크리스 리브세이, 애나 마트랑가, 이네스 산 마르틴, 저스틴 맥렐런, 헨드로 믄스트르만, 피비 내턴슨, 제리 오코넬, 엘리사베타 피케, 필립 풀렐라, 니콜 윈필드, 신디 우든에게 감사를 표한다.

오스틴 아이버레이, 크리스토퍼 램, 조슈아 맥엘위, 로버트 미컨스는 내가 바티칸에 도착하기 훨씬 전부터 서로 동료이자 협력자였지만, 그들 덕분에 바티칸에서의 내 시간은 훨씬 더 풍요로웠다. 캐슬린 스프로스 커밍스, 그랜트 갤리초, 데이비드 깁슨, 마크 오코너 수사, 애나 롤랜즈는 너그러운 마음을 지닌 이들이자 믿음직한 조언자들이었다.

수많은 충실한 친구들 덕분에 로마는 4년간 나의 고향과도 같았다. 자신의 삶을 열어준 클레어 지앙그라베, 준노 아로코 에스테베스, 케이트 맥엘위, 안나 몬타보네, 요하네스 노이데커, 소피아 바르바리니, 다이애나 살만, 안나 리칠리아노, 앤서니 에크포에게 무한한 감사를! *Grazie infinite!*

안갯속에 가려져 있는 바티칸에 대해 명확한 자료를 확인받고자 했던 나의 수많은 문자와 이메일에 응답해준 수많은 바티칸 관계자들에게 감사드린다. 이 자리에서 이름을 일일이 언급하지는 않겠지만, 이들의 많은 친절이 훗날 하느님의 은총으로 돌아오길 바란다.

모쪼록 그가 우리의 만남을 후회하지 않기를 바라며, 2023년에 나를 자신의 집무실로 초대해 그를 알 수 있도록 해준 로버트 프레보스트 추기경께 깊이 감사드린다.

콘클라베와 레오 14세 교황 선출에 관한 이야기를 이 책에서 재구성할 수 있었던 것은 익명을 조건으로 인터뷰에 응해준 사람들 덕분이다. 역사의 한 조각을 기록하도록 나를 믿어준 것에 진심으로 감사드린다. 또한 이 작업을 위해 실명으로 인터뷰에 응해주신 많은 이들, 에밀세 쿠다, 패트릭 던바, 폴 피너티 신부, 블레이즈 쿠피치 추기경, 로널드 힉스 주교, 셰인 매킨레이 주교, 수전 패스코, 그리고 아우구스티노회 신부들인 조지프 패럴, 앤서니 피조, 도널드 라일리에게도 깊이 감사드린다.

NBC와 MSNBC의 훌륭한 제작진, 특히 크리스 잰싱, 앤 톰슨, 몰리 헌터와 함께 교황의 취임을 취재할 수 있었던 것은 큰 영광이었다.

나의 에이전트인 빌 배리는 지칠 줄 모르는 성실함과 그에 못지않게 귀중한 유머 감각을 지니고 있다.

이 프로젝트에 열정과 지지를 보내주신 로욜라 출판사의 발행인 조엘린 치치아렐리에게 특별한 감사를 드린다. 게리 젠슨과 그의 팀, 특히 모라 포스턴, 도나 안트코비아크, 시피어스 에드먼드슨, 질 아레나, 캐스린 섹먼, 롭 페리, 그리고 수전 테일러, 크레인 지아모는 이 숨 가쁜 프로젝트를 처음부터 끝까지 변함없는 보살핌과 관심으로 이끌어주었다.

지칠 줄 모르는 나의 응원자들인 가족과 친구들, 나는 여러분 모두를 사랑한다.

원고 작업을 하는 매일매일 빠짐없이 나를 격려해준, 특별히 감사를 표해야 할 두 명의 동료가 있다. 첫 번째는 마이클 오로플린으로, 그는 초안을 하나하나 읽고 정신없이 바쁜 날들 속에서도 비판적인 초점과 관점을 제공하고자 셀 수 없을 만큼 많은 시간을 들였다. 그 과정에서 끝없는 간식까지 제공하며 나를 충전해주었다. 두 번째는 다비데 길리오네로, 그는 프란치스코 교황의 임종이 발표된 순간부터 한결같은 지지를 보내주었다. 그는 우리를 끔찍한 스쿠터에 태운 채 로마 시내를 가로질러 바티칸으로 데려가기도 했는데, 나는 가는 도중에 프란치스코 교황과 같은 운명을 맞이하는 게 아닐까 두려울 정도였다. 그의 밝은 기운과 따뜻함은 끝이 없으며, 나는 그에게 영원히 감사할 것이다.

(옮긴이의 말)

교황을 바라보는 세상의 시선

새로운 교황이 선출되던 당시, 나는 가톨릭 방송의 생방송 스튜디오에 앉아 있었다. 전날 새벽에도 이미 방송을 한 차례 진행한 상태였다. 언제 흰 연기가 피어오를지 모르므로, 정해진 시간에 앉아 있다가 검은 연기가 나오더라도 생방송을 진행해야만 했다. 그렇게 콘클라베 둘째 날 새벽, 스튜디오에 마련된 스크린을 통해 굴뚝을 바라보는 가운데 묘한 긴장감이 맴돌았다. 긴장을 해소하기 위해 아나운서와 사적인 이야기들을 주고받던 중, 생각보다 이르게 흰 연기가 피어오르기 시작했다. 카메라에 빨간불이 들어왔고 이제 우리는 앞으로의 절차와 예상되는 새 교황의 행보에 대해 공식적으로 논의하기 시작했다. 유력 인물들을 소개하며 교황이 현대에 갖는 상징과 의미에 대해 설명하는 정신없는 순간에도 좀처럼 긴장은 해소되지 않았다. 누가, 교황으로 모습을 드러낼 것인가?

 12년 전에도 콘클라베가 있었지만 유독 이번에는 어느 때보다 세간의 관심이 높았다. 아마도 전임 프란치스코 교황이 남긴 유산 때문이었을 것이다. 세상은 교황의 겸손함과 이타적 사랑 안에서 많은 것을 보고 느꼈다. 특별히 우리 한국인들의 기억 속에는 2014년 프란치스코 교황의 방한이 뚜렷하게 각인되어 있을 것이다. 세월호 참사의 충격이 가시지 않은 때였고 교황은 선뜻 유가족들에게 손을 내밀었다. 미사 전 행렬 때 교황은 차를 멈춰 그들을 안아주며 노란색 리본을 건네받았다.

방한을 마치고 돌아가는 전세기에서 교황은 질문을 받았다. "세월호 추모 행동이 정치적으로 이용될 수 있다고 생각하지 않았느냐"라는 것이었다. 이에 교황은 대답했다. "세월호 추모 리본을 유족으로부터 받아 달았습니다. 반나절쯤 지나자 어떤 사람이 제게 와서 중립을 지켜야 하니 그것을 떼는 것이 좋지 않겠느냐고 물었습니다. 하지만 저는 인간의 고통 앞에서 중립을 지킬 수 없었습니다."

교황이 남긴 이 말은 지금 우리가 살아가고 있는 세상에 대한 하나의 거대한 충고로 남아 있다. 현대인들은 자꾸 서로를 나누고 구분 짓는다. 정치 성향, 사상, 세대, 성별, 경제력 등으로 편을 나누어 서로를 비방한다. 수많은 역사적 사건 안에서 이러한 분열로 인해 그토록 많은 전쟁과 테러, 박해가 있었음에도, 셀 수 없는 희생이 있었음에도, 끊임없이 이러한 경향이 계속되고 있으며 심지어 심화되는 양상이다. 교회를 바라보는 시선 역시 마찬가지다. 특별히 콘클라베를 앞두고 언론은 프란치스코 교황을 '진보적인 교황'으로 분류했다. 또한 차기 교황을 논하며 과연 진보적인 교황이 선출될 것인가 보수적인 교황이 선출될 것인가를 가늠하기도 했다.

세상 안에서의 교황의 역할

그렇다면 정말 프란치스코 교황이 진보적이었을까? 그는 "낙태는 살인입니다. 그리고 살인을 위해 의사를 고용한다면 그것은 청부 살인입니다"(2018년 수요 일반 알현)라고 이야기했다. 동성애자들에 대한 배려와 자비를 강조했지만 '동성 혼인'에 대해서는 "나는 교회의 아들입니다. 교회는 혼인이 남자와 여자 사이의 성사라고 말합니다. 그리고 우리는 그것을 넘어서지 않습니다"(2014년 기자회견)라고 말했다. 세상의 시각으로 분류하자면 소위 보수적이라는 느낌을 지울 수 없다.

그렇다면 프란치스코 교황을 과연 보수적이라고 할 수 있을까? 이 책에서도 다루고 있듯 교황은 바티칸 은행을 재정비했고, 무분별한 경제 개발을 반대했으며, 전쟁과 폭력, 환경 문제에 관심을 기울였고, 여성들의 교회 내 역할을 확대하고자 다양한 시도를 했다. 이러한 교황의 행보를 여전히 세상의 시각으로 분류해보자면, 진보적이라는 생각이 든다.

다시금 질문해본다. 프란치스코 교황은 과연 보수인가 진보인가? 이에 대해 어떠한 대답도 내릴 수 없다. 결국 우리는 깨닫게 된다. 세상의 진보와 보수라는 기준으로 교회를 바라본다면 어느 한쪽으로 단정 지어 말할 수 없다는 사실을 말이다. 그 이유는 간단하다. 세상의 기준에서 교회는 소위 두 가지 모습을 모두 지니고 있기 때문이다. 교회는 하느님의 계명과 교회의 가르침에 충실하다는 점에서 보수적이지만, 사랑과 자비를 실천하며 소외된 이들을 돌보는 데에는 진보적이다. 프란치스코 교황뿐만 아니라 앞선 모든 교황들도 당시 시대가 직면한 문제들에 있어 복음과 교회의 핵심 진리를 성실히 따르는 한편, 적극적으로 사회의 변화를 일구고자 노력했다. 이렇듯 가톨릭교회는 "인간의 고통 앞에서 중립을 지킬 수 없다"는 프란치스코 교황의 메시지처럼 그저 무엇이 인간을 고통스럽게 하는지, 무엇이 정의로운 것인지 정의롭지 않은 것인지, 무엇이 선한 것인지 아닌지에 집중할 뿐이다. 교회 안에 보수와 진보는 존재하지 않는다. 그저, 복음만이 존재할 뿐이다.

그러한 점에서 세상 안에서 교황의 역할은 특별하다. 물론 2,000년 넘는 시간 안에서 교회가 때로는 과오를 저지른 것도 사실이다. 길고 긴 역사 안에서 십자군 전쟁, 마녀사냥, 신대륙 원주민 학살, 현대에 이르러서는 미성년자 성 추문과 같은 일이 일어난 것은 자명한 사실이다. 이에 요한 바오로 2세 교황은 2000년 〈기억과 화해 Memoria e riconciliazione〉라는 문서를 통해 교회의 역사적 잘못을 공식적으로 인정하고 사죄를 구했다. 그렇다면 수많은 과오에도 불구하고 가톨릭교회가 여전히 존재하는 이유는 무엇일까? 어떻게 지금 시대에도 신앙이 유지되고 있는가? 이는 설사 역사적 과오가 있었을지라도 그것이 신의 부재를 의미하는 것은 아니기 때문이다. 즉, 신앙인들은 탐욕이 가득한 인간에 의해 신이 이용당할 수 있음을 식별한다. 신은 그 자리에서 무결하게 존재하는 한편, 인간은 죄를 저지른다. 그러므로 인간은 지속적으로 정화되어야 한다. 이에 교회 역시 과거를 들여다보고 반성하며, 보다 더 구체적으로 어떻게 선을 실행할 것인지, 하느님의 계명을 어떻게 성실히 따르고 실현할 것인가에 대해서 고민한다. 그리고 그 중심에 교황이 있다.

콘클라베의 진정한 의미

새 교황으로 모습을 드러낸 이는 로버트 프랜시스 프레보스트 추기경이었다. 그의 이름이 발표되는 순간, 생방송 스튜디오에 있던 모든 이들이 혼란에 빠졌다. 이 책의 저자는 미국인으로서 프레보스트 추기경을 염두에 두고 있었다고 하지만 대부분의 서구 언론은 그의 이름을 거의 언급하지 않았다. '도대체 누구지?' 나는 마음속으로 중얼거리며 추기경단의 명단을 황급히 뒤적였다. 주교부 장관, 미국인. 그의 간단한 약력이 눈에 들어왔다. 첫 미국인 교황, 새로운 이름 레오 14세, 페루 선교사 출신. 새 교황의 약력을 전달할수록 하느님이 이 시대에 필요한 교황을 세상에 보내주셨음을 확신하게 됐다.

콘클라베가 시작되면 선거인 추기경들은 교황궁의 바오로 경당에 모여 〈오소서 성령이여〉라는 성가를 부르며 행렬을 지어 시스티나 성당으로 들어간다. 성가의 가사 일부는 다음과 같다. "오소서, 창조주 성령이여, 당신 백성들의 마음을 찾아오시어 당신이 지으신 이 마음에 하늘의 은총을 가득 채우소서. (…) 우리의 감각에 빛을 주시고, 우리의 마음에 사랑을 부어주시며, 우리 육신의 나약함을 당신의 힘으로 굳세게 하소서." 이는 하느님의 도우심 없이는 올바른 선택이 불가능하다는 고백이며, 성령께서 교회의 목자를 세우신다는 믿음의 표현이다. 즉, 추기경단은 성령의 이끄심에 자신의 생각과 정신을 맡기고 투표에 들어간다. 물론 이 책이 다루고 있는 바와 같이 생각은 제각각 다를 수 있다. 다시 한번 세상의 시선으로 분류하자면 보수적인 것처럼 보이는 부류도, 진보적인 것처럼 보이는 부류도 있을 것이다. 하지만 이들의 목표는 동일하다. 성령의 이끄심에 의지해 보다 더 올바른 방향으로 세상을 이끌어나갈 교회를 이루는 것. 이는 단순한 양적인 선교를 의미하는 것이 아니라 평화로운 세상, 더불어 존재하며 인간의 존엄성을 보호하는 세상을 향한 움직임이다. 그러한 점에서 비록 생각은 다를 수 있어도 추기경단은 함께 기도하고 동행하며 새로운 교황을 선출한다. 이는 콘클라베가 정치적 경쟁이 아니라 하느님의 뜻을 식별하는 영적 여정임을 시사한다.

에드바르트 베르거 Edward Berger 감독의 영화 〈콘클라베〉가 개봉했을 때 많은 사람들이 실제 교황청 내부에서 일어나는 일을 엿볼 수 있다는 사실에 환호했다. 영화 안에서 콘클라베에 참여한 추기경단은 누구를 교황으로 선출할 것인가에 대해 서로 편을 가르며 진보와 보수로 갈라져 싸운다. 노골적인 경계와 비방, 때로는 고성이 오가며 음해가 펼쳐진다. 하지만 이는 실제 콘클라베의 증언과는 너무나도 다르다. 그럼에도 불구하고 이러한 각본이 쓰일 수 있는 이유는 인간의 상상력이 보통 일반적인 경험을 바탕으로 하기 때문일 것이다. 콘클라베의 여정을 자신이 접해온 일반적인 정치 선거의 경험에 비추어보면, 그 안에 온갖 음모와 경쟁이 있으리라 상상하게 되는 것은 어쩌면 자연스러운 일일지 모른다. 그러한 점에서 세상의 일반적인 정치 선거와 콘클라베의 분명한 차이를 염두에 둘 필요가 있다. 일반 사회의 정치 선거의 목적은 지도자 선출과 권력의 위임이며 정치적 이해관계와 권력의 정당성을 확보하는 것에 의의를 둔다. 그러나 콘클라베는 죽을 때까지 교회를 이끄는 봉사직을 수행할 베드로의 후계자 선출을 목적으로 하며 성령의 인도와 교회의 일치, 하느님 뜻의 식별과 수용에 의의를 둔다. 사람들은 교황직을 세속적 권력과 동일시함으로써 권력을 차지하기 위한 암투를 상상하지만, 이는 목적과 의의에서부터 다분히 종교적인 콘클라베의 참의미를 고려하지 않기에 가능한 상상일 뿐이다.

세상의 이치와 너무나도 다른 선거. 레오 14세가 선출되고 얼마 지나지 않아 많은 사람들이 이를 직접 느낀 듯하다. 레오 14세가 발코니에 모습을 드러냈을 때 선거에 참여한 추기경들 역시 바티칸 대성당의 양옆 발코니에 나와 섰다. 추기경단은 한없이 밝은 표정이었고 기쁨에 가득 차 미소 짓고 있었다. 눈시울이 붉어진 채 침묵 속에서 군중을 내려다보는 새 교황의 표정과는 지극히 대조적인 모습이었다. 당시 SNS에는 다행히도 자신이 선출되지 않았다는 해방감과 안도감이 느껴진다는 의견이 대부분이었다. 사람들은 그 모습을 보며 깨달았을 것이다. 죽을 때까지 교회와 세상의 여러 과제를 끌어안고 살아가야 하는 봉사와 희생의 직무가 결코 세속의 권력 이양과 같을 수 없다는 사실을 말이다.

레오 14세 교황과 한국

현재까지 한국을 방문한 교황은 총 두 명으로, 요한 바오로 2세 교황(1984년, 1989년)과 프란치스코 교황(2014년)이다. 많은 교황들은 한국에 특별한 관심을 보여왔으며 이는 한반도의 특수한 정세와 깊은 관련이 있다.

비록 방한하지는 않았지만 베네딕토 16세 교황 역시 2007년 2월 이탈리아를 국빈 방문한 노무현 대통령을 교황청으로 초대해 단독 면담을 가진 후 한반도 평화에 대한 염원을 담은 친서를 전달했다. 친서에는 "제가 한반도와 그 주변 지역의 평화와 안정을 위하여 기도드리고 있다는 것을 한국 국민들에게 확실히 말씀해 주시기 바랍니다", "한반도 주변의 핵무기 경쟁의 위험은 교황청도 전적으로 공감하는 또 다른 근심거리입니다"라는 내용이 담겨 있었다.

프란치스코 교황 또한 "나는 언제나 갈 준비가 되어 있다"고 밝히며 북한 방문을 위해 부단히 노력했다. 비록 북미 관계의 교착과 북한의 외교 냉각으로 무산되었지만 교황청이 세계의 냉전체제 종식을 염원해온 입장은 지금도 변함이 없다.

그렇다면 레오 14세 교황은 어떠할까? 그는 아우구스티누스회 총장 시절 이미 다섯 차례 한국을 방문했으며, 2027년 8월 서울에서 열리는 세계청년대회를 위해 교황으로서는 세 번째 방한이 예정되어 있다. 이미 레오 14세 교황은 "이 대회가 전 세계 청년들이 한반도의 평화를 위해 함께 기도하고, 전 세계에 평화의 메시지를 전하는 자리가 되기를 바란다"고 언급하며 "가능하다면 북한 청년들도 초대해 그들을 만나고 싶다"는 뜻을 밝혔다. 최근 국회의장이 교황의 방북을 요청하는 서한을 국무원장 파롤린 추기경에게 전달한 사실도 이러한 흐름을 반영한다. 선출 직후 첫 연설의 주제가 '평화'였음을 떠올리면, 한반도에 대한 교황의 관심은 전혀 놀라운 일이 아니다.

비록 방북이 현실화될지는 아직 알 수 없지만 2027년 교황의 발걸음이 이 땅을 밟는 순간, 한국의 분단 현실을 향한 뚜렷한 메시지가 전해질 것은 분명하다. 역대 교황들이 한반도 문제에 보여온 지속적인 관심은 단순한 외교적 제스처가 아니라, 인간 존엄과 평화를 향한 교회의 변함없는 소명에서 비롯된 것이다. 그러므로 2027년 교황의 방문은 단지 한 나라를 향한 순방이 아니라, 우리나라가 분단의 경계를 넘어 화해와 일치를 향한 여정을 새롭게 여는 희망의 시작이 될 것이다.

번역을 마치며

이 책은 미국인 바티칸 기자가 쓴 책으로 세상의 시선 속에서 전임 교황과 새 교황의 모습을 탐색하고 있다. 저자는 새로운 교황의 성향과 앞으로의 활동을 예측하기 위해 전임 교황의 업적과 그를 둘러싼 갈등을 상세히 정리하는 방식을 택했다. 이를 통해 어떻게 프레보스트 주교가 당선되었는지 진단하며 새 교황이 해결해야 할 과제들을 상세히 정리한다. 또한 비밀로 가려진 콘클라베 내부의 일을 적당한 상상력과 선을 넘지 않는 정보를 바탕으로 재구성해 흥미롭게 전달한다. 더불어, 한국에 잘 알려져 있지 않은 레오 14세 교황의 유년 시절과 선교사 시절, 주교 시절의 모습을 주변 인물들의 인터뷰를 바탕으로 소개한다. 아마도 같은 국적의 기자이기에 가능한 내용일 것이다. 비록 진보와 보수에 대한 세속적 관점에서 자유롭지 못한 측면이 있는 것도 사실이지만 그럼에도 불구하고 세상과 교회가 동떨어져 있지 않다는 점에서 이 책은 충분한 의미가 있어 보인다. 교회 내에 설사 진보와 보수의 경계가 없으며 추기경단이 같은 목표를 갖고 있다 할지라도, 세상이 과연 교회를 어떻게 바라보고 해석하고 있는지에 대해서는 깊이 참고할 만한 가치가 있다. 특별히 교황과 긴밀한 관계를 맺고자 하는 미국 사회의 입김 또한 실제의 사실로 흥미로운 자료를 제공한다. 무엇보다 교황의 유년 시절과 선교사로 활동하던 시기, 주교로 활동하던 시기의 행적을 생생하게 느낄 수 있다는 점은 이 책이 갖고 있는 특별한 장점이다.

전쟁과 갈등, 혐오와 분노가 만연하고 과학기술이 고도로 발달한 현대사회에서 과연 새로운 교황은 어떻게 교회를 이끌어나갈 것이며 세상에 목소리를 낼 것인가? 이것은 모든 현대인이 마주하고 있는 과제이기도 하다. 우리는 어떻게 살아가야 하는가? 무엇이 우리의 삶을 더욱 아름답게 빛내는가?

신앙인이든 아니든 사실 우리는 이미 알고 있다. 전임 프란치스코 교황의 행적을 통해 많은 이들이 감동했듯 우리 삶의 가치는 겸손과 이타적 사랑, 희생에서 온다는 사실을, 젊고 화려한 이들의 값비싼 옷보다 수도자의 낡고 소박한 옷자락이 훨씬 아름답다는 사실을 우리는 알고 있다. 경쟁에서 우위를 차지하고 사회적 성공을 누리는 이들에 비해 겸손하게 이웃을 위해 희생하는 이가 세상에서 더 큰 존경을 받는 이유가 바로 여기에 있지 않겠는가? 삶의 진정한 가치와 평화는 적대적 감정, 전쟁과 같은 분열에서 오는 것이 아니라 사랑, 오직 사랑에서 오는 것임을 우리 모두는 알고 있는 것이다.

자, 그렇다면 이제 다시금 우리는 새로운 교황의 움직임에 관심을 기울일 때다. 그렇게 사랑으로 말미암아 인류가 일치를 이루어나갈 때, 우리는 세상 안에서 더욱 개혁적인 사랑의 목소리를 낼 수 있을 것이며 그렇게 세상은 아름답게 변화할 것이다. 성령의 이끄심은 이를 위해 새로운 인물을 우리에게 보내주셨다. 세간의 관심이 그를 집중하고 있다.

그의 이름은, 레오 14세다.

미주

1 Pope John XXIII, "Solemn Opening of the Second Vatican Ecumenical Council," October 11, 1962, www.vatican.va/content/john-xxiii/it/speeches/1962/documents/hf_j-xxiii_spe_19621011_opening-council.html.
2 Joseph Ratzinger, "The Second Vatican Council: The First Session," *The Furrow*, vol. 14, no. 5, May 1963.
3 Ratzinger, "The Second Vatican Council."
4 C. L. Sulzberger, "The New Pope—Two Types of 'Liberal,' " *The New York Times*, June 19, 1963, https://timesmachine.nytimes.com/timesmachine/1963/06/19/89537628.pdf.
5 Father Patrick Briscoe, "Through Study and Prayer, It's Not Too Late to Get Vatican II Right," *Our Sunday Visitor*, December 7, 2022, www.oursundayvisitor.com/throughstudy-and-prayer-its-not-too-late-to-get-vatican-ii-right/.
6 Nicole Winfield, " 'Catastrophe': Cardinal Pell's Secret Memo Blasts Francis," *Associated Press*, January 12, 2023, https://www.ncronline.org/vatican/vatican-news/catastrophecardinal-pells-secret-memo-blasts-francis.
7 Cardinal Gerhard Müller, "Does *Fiducia Supplicans* Affirm Heresy?" *First Things*, February 16, 2024, https://www.firstthings.com/web-exclusives/2024/02/does-fiduciasupplicans-affirm-heresy.
8 Pope Francis, *Evangelii Gaudium*, November 24, 2013, https://www.vatican.va/content/francesco/en/apost_exhortations/documents/papa-francesco_esortazioneap_20131124_evangelii-gaudium.html.
9 Howard Chua-Eoan and Elizabeth Dias, "Pope Francis, The People's Pope," *Time* magazine, December 11, 2013, https://poy.time.com/2013/12/11/person-of-the-yearpope-francis-the-peoples-pope/.
10 Christopher White, "World Youth Days Test the Limits of Aging Popes," *National Catholic Reporter*, August 1, 2023, https://www.ncronline.org/vatican/view-vatican/world-youth-days-test-limits-aging-popes.
11 Pope Francis, "Welcome Ceremony," Lisbon, Portugal: World Youth Day,

2023, https://www.vatican.va/content/francesco/en/speeches/2023/august/documents/20230803-portogallo-cerimonia-accoglienza.html.

12 "Todos! todos! todos!" *L'Osservatore Romano*, August 4, 2023, https://www.osservatoreromano.va/it/news/2023-08/quo-179/todos-todos-todos.html.

13 John Allen, "Pope on Homosexuals: 'Who am I to judge?'" *National Catholic Reporter*, July 29, 2013, https://www.ncronline.org/blogs/ncr-today/pope-homosexuals-who-ami-judge#:~:text=%22When%20I%20meet%20a%20gay,am%20I%20to%20judge%20them%3F.

14 "In-Flight Press Conference Transcript," *Vatican News*, August 6, 2023, https://www.vatican.va/content/francesco/en/speeches/2023/august/documents/20230806-portogallo-voloritorno.html.

15 "In-Flight Press Conference Transcript."

16 Richard John Neuhaus, *Appointment in Rome: The Church in America Awakening* (Chicago, IL: Crossroad Pub. Co., 1998), preface.

17 Pope Francis, "Greeting to the Synod Fathers During the First General Congregation of the Third Extraordinary General Assembly of the Synod of Bishops," The Holy See, October 6, 2014, https://www.vatican.va/content/francesco/en/speeches/2014/october/documents/papa-francesco_20141006_padri-sinodali.html.

18 Christopher White, "Controversial 'Panama Thief ' Goes on U.S. Tour," *Crux*, November 19, 2019, https://cruxnow.com/church-in-the-usa/2019/11/controversialpachamama-thief-goes-on-u-s-tour.

19 Inés San Martín, "Experts See Synod as 'Biggest Consultation Exercise in Human History,' " *Crux*, October 11, 2021, https://cruxnow.com/vatican/2021/10/experts-seesynod-as-biggest-consultation-exercise-in-human-history.

20 Sandro Magister, "The Last Words of Bergoglio before the Conclave," *Espresso Online*, March 27, 2013, https://chiesa.espresso.repubblica.it/articolo/1350484bdc4.html?eng=y.

21 Pope Francis, *Evangelii Gaudium*, n.32.

22 Pope Francis, n.46.

23 Pope Francis, n.48.

24 Pope Francis, n.49.

25 Austen Ivereigh, *The Great Reformer: Francis and the Making of a Radical Pope* (London: Picador, 2015), 295.

26 Ivereigh, *The Great Reformer*, 298.

27 Fifth Episcopal Conference of Latin America, "Letter of His Holiness Benedict XVI to the Bishops of Latin America and the Carribean," The Holy See, May 13, 2007, §393, https://www.celam.org/aparecida/Ingles.pdf.

28 "'The Catacombs' Pact of the Poor and Servant Church," accessed February 26, 2025, https://www.pro-konzil.de/english-text/.

29 Pope Francis, "Address of the Holy Father Pope Francis to an Audience with Representatives of the Communications Media," The Holy See, March 16, 2013, https://www.vatican.va/content/francesco/en/speeches/2013/march/documents/papa-francesco_20130316_rappresentanti-media.html.

30 Pope Francis, "Homily of Pope Francis in Lampedusa," July 8, 2013, https://www.vatican.va/content/francesco/en/homilies/2013/documents/papa-francesco_20130708_omelia-lampedusa.html.

31 Pope Francis, "Homily of Pope Francis in Lampedusa."

32 Jim Yardley, "Pope Francis Takes 12 Refugees Back to Vatican after Trip to Greece," *The New York Times*, April 16, 2016, https://www.nytimes.com/2016/04/17/world/europe/pope-francis-visits-lesbos-heart-of-europes-refugee-crisis.html.

33 Menelaos Hadjicostis and Nicole Winfield, "Vatican Takes in 12 Migrants as Pope Denounces Indifference," *Associated Press*, December 3, 2021, https://apnews.com/article/pope-francis-europe-middle-east-religion-christianity-960363771a9963bc3300002a7d256501.

34 Christopher White, "Returning to Migrant Hotspot of Lesbos, Pope Francis Chides World Leaders for an 'Indifference That Kills,'" *National Catholic Reporter*, December 5, 2021, https://www.ncronline.org/news/vatican/returning-migrant-hotspot-lesbos-pope-francis-chides-world-leaders-indifference-kills.

35 Christopher White, "Pope Francis Slams 'Insatiable Greed' Fueling Violence in Congo's East," *National Catholic Reporter*, February 1, 2023, https://www.ncronline.org/vatican/vatican-news/pope-francis-slams-insatiable-greed-fueling-violence-congos-east.

36 "World Day, Pope Francis: 'Not Just about Migrants, It Is about All those in Existential Peripheries,'" *Vatican's Integral Human Development Dicastery*, October 4, 2019, https://migrants-refugees.va/2019/10/04/world-day-pope-francis-not-just-migrants/.

37 George Will, "Pope Francis's Fact-Free Flamboyance," *The Washington Post*, September 18, 2015, syndicated in the Santa Cruz Sentinel, https://www.santacruzsentinel.com/2015/09/20/george-f-will-pope-francis-fact-free-flamboyance/.

38. R. R. Reno, "The Weakness of *Laudato Si'*," *First Things*, July 1, 2015, https://www.firstthings.com/web-exclusives/2015/07/the-weakness-of-laudato-si, and Suzanne Goldenberg and Sabrina Siddiqui, "Jeb Bush Joins Republican Backlash against Pope on Climate Change," *The Guardian*, June 17, 2015, https://www.theguardian.com/us-news/2015/jun/17/jeb-bush-joins-republican-backlash-pope-climate-change.

39. Christopher White, "US Church Failing on Pope's Climate Goals, Bishops Say at Private Conference," *National Catholic Reporter*, February 27, 2024, https://www.ncronline.org/earthbeat/faith/us-church-failing-popes-climate-goals-bishops-say-private-conference.

40. Brian Roewe, "At 10-year Mark, Pope Francis Seen as a Global Leader on the Environment," *National Catholic Reporter*, March 9, 2023, https://www.ncronline.org/earthbeat/faith/10-year-mark-pope-francis-seen-global-leader-environment.

41. Brian Roewe, "Pope Francis Joins World Faith Leaders in Urgent Climate Appeal Ahead of COP26," *National Catholic Reporter*, October 4, 2021, https://www.ncronline.org/earthbeat/justice/pope-francis-joins-world-faith-leaders-urgent-climate-appeal-ahead-cop26.

42. Carol Glatz, "Mitigate Global Warming, Spare Further Injustice to Poor, Pope Tells Oil Execs," *National Catholic Reporter*, June 14, 2019, https://www.ncronline.org/earthbeat/mitigate-global-warming-spare-further-injustice-poor-pope-tells-oil-execs.

43. Pope Francis, *Laudate Deum*, The Holy See, October 4, 2023, §72, https://www.vatican.va/content/francesco/en/apost_exhortations/documents/20231004-laudate-deum.html.

44. Francis, *Laudate Deum*, §2.

45. Christopher White, "Oceania Bishops' Assembly Spotlights Climate Crisis," *National Catholic Reporter*, February 21, 2023, https://www.ncronline.org/earthbeat/faith/oceania-bishops-assembly-spotlights-climate-crisis.

46. Pope Francis, "Interview with Fr. Antonio Spadaro," The Holy See, August 19, 2013, https://www.vatican.va/content/francesco/en/speeches/2013/september/documents/papa-francesco_20130921_intervista-spadaro.html.

47. Pope Francis, "Interview with Fr. Antonio Spadaro."

48. Brian Fraga, "US Bishops Again Declare Abortion 'Preeminent Priority' for Catholic Voters," *National Catholic Reporter*, November 15, 2023, https://www.ncronline.org/news/us-bishops-again-declare-abortion-preeminent-priority-catholic-voters.

49. Pope Francis, "Pope Francis' In-Flight Press conference from Slovakia," *Catholic News*

Agency, September 15, 2021, https://www.catholicnewsagency.com/news/248994/full-text-pope-francis-in-flight-press-conference-from-slovakia.

50 See Michael Novak, "Agreeing with Pope Francis," *National Review Online*, December 7, 2013, https://www.nationalreview.com/2013/12/agreeing-pope-francis-michael-novak/and Fr. Robert A. Sirico, "Rev. Robert A. Sirico Comments on the Economic Views of Pope Francis in '*Evangelii Gaudium*,' " *Acton Institute*, November 27, 2013, https://rlo.acton.org/archives/63186-video-rev-robert-sirico-responds-pope-francis-economic-views-evangelii-gaudium.html.

51 Pope Francis, *Evangelii Gaudium*, §53.

52 R. R. Reno, "Francis, Our Jesuit Pope," *First Things*, September 23, 2013, https://www.firstthings.com/web-exclusives/2013/09/francis-our-jesuit-pope.

53 Sandro Magister, "Thirteen Cardinals Have Written to the Pope. Here's the Letter," *La Repubblica Chiesa Espresso Online*, October 12, 2015, https://chiesa.espresso.repubblica.it/articolo/1351154bdc4.html?eng=y.

54 Gerald O'Connell, "Cardinal Pierre on Why the U.S. Bishops Are Struggling to Connect with Pope Francis," *America*, November 2, 2023, https://www.americamagazine.org/faith/2023/11/02/cardinal-christoph-pierre-interview-246416.

55 O'Connell, "Cardinal Pierre on Why."

56 Pope Francis, "Intervention of the Holy Father at the 18th General Congregation of the 16th Ordinary General Assembly of the Synod of Bishops," October 25, 2023, https://www.vatican.va/content/francesco/en/speeches/2023/october/documents/20231025-intervento-sinodo.html.

57 Bill McGarvey, "Pope: Warns that Poorly Trained Priests Can Become 'Little Monsters,'" *America*, January 4, 2014, https://www.americamagazine.org/content/all-things/pope-warns-poorly-trained-priests-can-become-little-monsters.

58 John L. Allen Jr., "Book Indicates Pope is a Moderate Realist," *National Catholic Reporter*, April 19, 2013, https://www.ncronline.org/blogs/all-things-catholic/book-indicates-pope-moderate-realist.

59 Pope Francis, "Presentation of the Christmas Greetings to the Roman Curia," The Holy See, December 22, 2014, https://www.vatican.va/content/francesco/en/speeches/2014/december/documents/papa-francesco_20141222_curia-romana.html.

60 Robert Mickens, "Francis Gives Roman Curia Officials Coal for Christmas," *National Catholic Reporter*, December 22, 2014, https://www.ncronline.org/blogs/roman-observer/francis-gives-roman-curia-officials-coal-christmas.

61 Mickens, "Francis Gives Roman Curia Officials Coal for Christmas."
62 See Fr. Roger Landry, "Pope Francis' Critical Comments on Priests," *The Anchor*, February 7, 2014, https://catholicpreaching.com/wp/pope-francis-critical-commentson-priests-the-anchor-february-7-2014/ and Peter Fr. Stavinskas, "Opinion: Papal Attacks on Young Priests Are Uncharitable and Damaging," *Catholic World Report*, November 5, 2023, https://www.catholicworldreport.com/2023/11/05/opinion-papal-attacks-on-young-priests-are-uncharitable-and-damaging/.
63 Gina Christian, "Younger US Catholic Priests Increasingly Identify as Conservative, Says New Report," *National Catholic Reporter*, November 9, 2023, https://www.ncronline.org/news/younger-us-catholic-priests-increasingly-identify-conservative-says-new-report.
64 Pope Francis, *Praedicate Evangelium*, The Holy See, March 19, 2022, https://www.vatican.va/content/francesco/en/apost_constitutions/documents/20220319-costituzione-ap-praedicate-evangelium.html.
65 Pope Francis, "In-Flight Press Conference of His Holiness Pope Francis from Sweden to Rome," The Holy See, November 1, 2016, https://www.vatican.va/content/francesco/en/speeches/2016/november/documents/papa-francesco_20161101_svezia-conferenza-stampa.html.
66 John Allen, "On Women Clergy, Pope Francis Fears 'Disease' of Clericalism," *Crux*, November 2, 2016, https://cruxnow.com/analysis/2016/11/women-clergy-pope-francis-fears-disease-clericalism.
67 Joshua J. McElwee and Christopher White, "Exclusive: On Gay Catholics, Synod Ensured 'Nothing Is Closed,' Says African Jesuit," *National Catholic Reporter*, October 31, 2023, https://www.ncronline.org/vatican/vatican-news/exclusive-gay-catholics-synod-ensured-nothing-closed-says-african-jesuit.
68 Joshua J. McElwee, "Francis Changes Catholic Church Law: Women Explicitly Allowed as Lectors, Altar Servers," *National Catholic Reporter*, January 11, 2021, https://www.ncronline.org/vatican/francis-changes-catholic-church-law-women-explicitly-allowed-lectors-altar-servers.
69 "Editorial: Pope Francis, It's Time to Release the Women Deacons Report," *National Catholic Reporter*, September 18, 2023, https://www.ncronline.org/opinion/editorial/editorial-pope-francis-its-time-release-women-deacons-report.
70 Lucas Grindley, "The Advocate's Person of the Year: Pope Francis," *The Advocate*, December 16, 2023, https://www.advocate.com/year-review/2013/12/16/

advocates-person-year-pope-francis.

71 Anthony Faiola and Stefano Pitrelli, "How Pope Francis Opened the Vatican to Transgender Sex Workers," *The Washington Post*, May 5, 2024, https://www.washingtonpost.com/world/2024/05/05/pope-francis-transgender-sex-workers/.

72 Christopher White, "In Major Doctrinal Shift, Vatican Officially OKs Catholic Blessings for Gay Couples," *National Catholic Reporter*, December 18, 2023, https://www.ncronline.org/vatican/vatican-news/major-doctrinal-shift-vatican-officially-oks-catholic-blessings-gay-couples.

73 Peter Pinedo, "African Bishops: 'No Blessing for Homosexual Couples in the African Churches,'" *Catholic News Agency*, January 11, 2024, https://www.catholicnewsagency.com/news/256517/african-bishops-no-blessing-for-homosexual-couples-in-theafrican-churches.

74 Alex Faludy, "Across Eastern Europe, Bishops Reject Vatican's Opening to Same-Sex Blessings," *National Catholic Reporter*, January 5, 2024, https://www.ncronline.org/news/across-eastern-europe-bishops-reject-vaticans-opening-same-sex-blessings.

75 Nicole Winfield, "Transcript of the Interview of the Associated Press and Pope Francis," *Associated Press*, January 25, 2023, https://apnews.com/article/a5cf2c1d450064b588ab3f41d3bf6994.

76 "Vatican: Salaries of Cardinals and Department Heads Cut Due to Covid Crisis," *Vatican News*, March 24, 2021, https://www.vaticannews.va/en/pope/news/2021-03/vatican-salaries-of-cardinals-others-cut-due-to-covid-crisis.html

77 "Pope Calls Single Mother, Offers to Baptize Her Child," *Catholic News Agency*, September 9, 2013, https://www.catholicnewsagency.com/news/28012/pope-calls-single-mother-offers-to-baptize-her-child.

78 Roberto Cetera and Linda Bordoni, "Pope Francis Continues to Call Gaza Parishioners Every Day," *Vatican News*, November 7, 2023, https://www.vaticannews.va/en/church/news/2023-11/pope-parish-holy-family-gaza-fr-romanelli-appeal-prayers-peace.html.

79 "Communication from the Secretary of State," The Holy See, April 13, 2013, https://press.vatican.va/content/salastampa/it/bollettino/pubblico/2013/04/13/0223/00502.html#TRADUZIONE%20IN%20LINGUA%20INGLESE.

80 John L. Allen Jr., "On Women Clergy, Pope Francis Fears 'Disease' of Clericalism," *Crux*, November 2, 2016, https://cruxnow.com/analysis/2016/11/women-clergy-pope-francis-fears-disease-clericalism.

81 "Pope Francis: Same-Sex Blessing a 'Special Case' for Africa," *Deutsche Welle*, January

29, 2024, https://www.dw.com/en/pope-francis-same-sex-blessing-a-special-case-for-africa/a-68110240.

82 Jeffrey Richards, *The Popes and the Papacy in the Early Middle Ages*, as cited in Michael Walsh, *The Conclave: A Sometimes Secret and Occasionally Bloody History of Papal Elections* (Lanham, MD: Sheed and Ward, 2003), 1.

83 Peter Hebblethwaite, *The Next Pope: A Behind-the-Scenes Look at the Forces That Will Choose the Successor to John Paul II and Decide the Future of the Catholic Church* (New York: HarperCollins, 1995), 27–47.

84 Christopher White, "Pope Francis Visits Roman Prison on Holy Thursday," *National Catholic Reporter*, April 17, 2025, https://www.ncronline.org/vatican/vatican-news/pope-francis-visits-roman-prison-holy-thursday.

85 Devin Watkins, "Pope Francis Has Died on Easter Monday Aged 88," *Vatican News*, April 21, 2025, https://www.vaticannews.va/en/pope/news/2025-04/pope-francis-dies-on-easter-monday-aged-88.html.

86 Christopher White, "Pope Francis Hailed as Pastor with Missionary Vision of a Church Open for All," National Catholic Reporter, April 26, 2025, https://www.ncronline.org/vatican/thank-you-francis-thousands-dignitaries-including-presidents-trump-and-biden-and-people.

87 Jeff Diamant, "Under Pope Francis, the College of Cardinals Became Less European," Pew Research Center, April 21, 2025, https://www.pewresearch.org/short-reads/2025/04/21/under-pope-francis-the-college-of-cardinals-became-less-european/.

88 David Albertson and Jason Blakely, "What Pope Francis Taught Us: Church Teaching Finds Clarity and Power in Acts of Mercy," *America*, April 28, 2025, https://www.americamagazine.org/faith/2025/04/28/francis-clarity-mercy-teacher-albertson-blakely-250509.

89 Gerald O'Connell, "Backer of Cardinal Parolin Attacks Pope Francis' Push for Lay Involvement in Church Governance," *America*, April 30, 2025, https://www.americamagazine.org/faith/2025/04/30/attack-pope-francis-campaign-cardinal-parolin-250534.

90 Jason Horowitz, "As Cardinals Prepare to Elect a Pope, One Motto Is 'Unity.' That's Divisive," *The New York Times*, April 27, 2025, https://www.nytimes.com/2025/04/27/world/europe/cardinals-church-conclave-pope.html?unlocked_article_code=1.C08.rGhu.sDlO1ywq5h5x&smid=em-share.

91 Timothy Radcliffe, "Synod Retreat Meditation: 'Resurrection Fishing,'" *Vatican News*,

October 1, 2024, https://www.vaticannews.va/en/vatican-city/news/2024-10/synod-retreat-meditation-resurrection-fishing.html.

92 Christopher White, "Conclave Roundup: Parolin's Star Falls, Spotlight on Synodality," *National Catholic Reporter*, April 30, 2025, https://www.ncronline.org/vatican/vatican-news/conclave-roundup-parolins-star-falls-spotlight-synodality-cardinal-propaganda.

93 "The College of Cardinals Report," https://collegeofcardinalsreport.com/about-us/.

94 John Grosso, "Social Media Conservatives Attempt to Smear Papal Contender," *National Catholic Reporter*, April 30, 2025, https://www.ncronline.org/vatican/vatican-news/social-media-conservatives-attempt-smear-papal-contender.

95 Christopher White, "Conclave Roundup: Cardinal Selfies, Name Tags and Talk of Pope Francis as a 'Dictator,'" *National Catholic Reporter*, May 5, 2025, https://www.ncronline.org/conclave-roundup-cardinal-selfies-name-tags-and-talk-pope-francis-dictator.

96 Christopher White, "Cardinal Ouellet: Priests Not Supporting Francis Should Ask, 'What Am I Doing Here?'" *National Catholic Reporter*, February 17, 2022; see also https://www.ncronline.org/news/people/cardinal-ouellet-priests-not-supporting-francis-should-ask-what-am-i-doing-here.

97 Brian Fraga, "Pope Francis Axes Firebrand Texas Bishop Strickland, Darling of Right-Wing Twitter," *National Catholic Reporter*, November 11, 2023; see also https://www.ncronline.org/news/pope-francis-axes-firebrand-texas-bishop-strickland-darling-right-wing-twitter.

98 Melissa Espana and Kelly Bauer, "Is Pope Leo XIV Actually From Chicago? Yes, He Is—And South Suburban Dolton, Too," Block Club Chicago, May 9, 2025, https://blockclubchicago.org/2025/05/09/is-pope-leo-xiv-actually-from-chicago-yes-he-is-and-south-suburban-dolton-too/.

99 Caroline Broderick, "Here's Where Cardinal Robert Prevost—the First American Pope—Grew Up," May 8, 2025, https://www.homes.com/news/heres-where-cardinal-robert-prevost-the-first-american-pope-grew-up/1093746911/.

100 Richard and Chiarito Fausset, "New Pope Has Creole Roots in New Orleans," *The New York Times*, May 8, 2025; see also https://www.nytimes.com/2025/05/08/us/pope-leo-creole-new-orleans.html.

101 Lauren FitzPatrick, "Cardinal Robert Prevost, Born in Chicago, Is the First Pope from the United States," *Chicago Sun-Times*, May 8, 2025; see also https://chicago.suntimes.com/religion/2025/05/08/cardinal-robert-prevost-raised-in-dolton-is-

the-first-american-pope.

102 "'It's Rob!': Pope Leo XIV's Older Brother Lives in Florida and Says He Still Can't Believe It," interview with Chris Hurst, 10 Tampa Bay, May 8, 2025, https://www.youtube.com/watch?v=fIpkIF22y1U.

103 Shannon Tyler, "Chicagoans Want Pope Leo XIV to Remember His 'Humble Beginnings,'" *Chicago Sun-Times*, May 8, 2025; see also https://chicago.suntimes.com/religion/2025/05/08/chicagoans-want-pope-leo-xiv-to-remember-his-humble-beginnings.

104 Lauren FitzPatrick, *Chicago Sun-Times*, May 8, 2025; see also https://chicago.suntimes.com/religion/2025/05/08/cardinal-robert-prevost-raised-in-dolton-is-the-first-american-pope.

105 Angie Leventis Lourgos, et. al., "Robert Prevost Was 'The Pride and Joy of Every Priest and Nun' at St. Mary's on Chicago's South Side," *Chicago Tribune*, May 9, 2025; see also https://www.chicagotribune.com/2025/05/08/robert-prevost-chicago-pope-xiv/.

106 Obed Lamy and Hallie Golden, "Pope Leo XIV's Brother, John Prevost of New Lenox, Recalls 'Disbelief' Over His Sibling Being Chosen," Associated Press, May 9, 2025; see also https://chicago.suntimes.com/pope-leo-xiv/2025/05/09/pope-leo-xiv-brother-john-prevost-new-lenox-disbelief-reaction-catholic-church.

107 Michelle Martin, "Newest Parish: St. Mary Queen of Apostles," *Chicago Catholic*, July 31, 2011; see also https://www.chicagocatholic.com/chicagoland/-/article/2011/07/31/newest-parish-st-mary-queen-of-apostles.

108 Violet Miller, "Locals Make Pilgrimage to Pope Leo XIV's Childhood Church: 'What a Blessing,'" *Chicago Sun-Times*, May 9, 2025; see also https://chicago.suntimes.com/pope-leo-xiv/2025/05/09/pope-leo-xiv-st-mary-of-the-assumption-parish.

109 Julie Bosman, "The Mother Whose Catholic Faith Inspired the Future Pope," *The New York Times*, May 11, 2025, https://www.nytimes.com/2025/05/11/us/mildred-prevost-robert-pope-leo-xiv-mother.html.

110 Dogmatic Constitution on the Church, *Lumen Gentium*, promulgated by Pope Paul VI on November 21, 1964, https://www.vatican.va/archive/hist_councils/ii_vatican_council/documents/vat-ii_const_19641121_lumen-gentium_en.html.

111 "Evening of Reflection with Cardinal Prevost and Mass," St. Jude Catholic Church, New Lenox, Illinois, August 7, 2024, https://www.youtube.com/watch?v=9U3yBFdt4QM.

112 Pope Francis. *Evangelii Gaudium*, §58, 2013, https://www.vatican.va/content/

francesco/en/apost_exhortations/documents/papa-francesco_esortazione-ap_20131124_evangelii-gaudium.html.
113 Pope Leo XIII, *Rerum Novarum: Rights and Duties of Capital and Labor*, §1, 1889.
114 Pope Leo, *Rerum Novarum*, §40.
115 Christopher White, "Will the Conclave Elect an American Pope?" Foreign Policy, May 7, 2025, https://foreignpolicy.com/2025/05/07/conclave-elect-american-pope/.
116 Pope Leo XIII, *Longinqua: Encyclical on Catholicism in the United States*, January 6, 1895, https://www.vatican.va/content/leo-xiii/en/encyclicals/documents/hf_l-xiii_enc_06011895_longinqua.html.
117 Pope Leo XIII, *Testem Benevolentiae Nostrae: Concerning New Opinions, Virtue, Nature and Grace, with Regard to Americanism*, January 22, 1899, https://www.papalencyclicals.net/leo13/l13teste.html.
118 Robert John Araujo, "Catholic Public Officials, Again," *Mirror of Justice*, September 28, 2005, https://mirrorofjustice.blogs.com/mirrorofjustice/2005/09/catholic_public.html.
119 Christopher White, "What Does Catholic President Biden Need in His Vatican Ambassador?" *National Catholic Reporter*, April 19, 2021, https://www.ncronline.org/news/what-does-catholic-president-biden-need-his-vatican-ambassador.
120 Christopher White, "Biden Praises Pope Francis at Vatican as 'Most Significant Warrior for Peace,' " *National Catholic Reporter*, October 29, 2021, https://www.ncronline.org/news/francis-welcomes-biden-vatican-amid-tension-us-catholic-hierarchy.
121 Ken Stone, "San Diego Cardinal-to-Be: No American Should be Elected Pope, Including Myself," *The Times of San Diego*, May 31, 2022, https://timesofsandiego.com/life/2022/05/31/san-diego-cardinal-to-be-no-american-should-be-elected-pope-including-myself/.
122 Iacopo Scaramuzzi, "Cardinale Parolin: No All'escalation in Ucraina ma Kiev Deve Difendersi, la Pace non si Impone," *la Repubblica*, April 18, 2025, https://www.repubblica.it/esteri/2025/04/18/news/parolin_intervista_papa_francesco_riti_pasqua-424134847/.
123 Pope Leo XIV, "First Blessing 'Urbi et Orbi' of His Holiness Pope Leo XIV," May 8, 2025, https://www.vatican.va/content/leo-xiv/en/messages/urbi/documents/20250508-prima-benedizione-urbietorbi.html.
124 Chico Harlan, Samantha Schmidt, Kim Bellware, and Bianca Padr. Ocasio, "Leo XIV: The Modest Missionary in Peru Who Became the First American Pope," *The Washington*

Post, May 10, 2025, https://www.washingtonpost.com/world/2025/05/10/pope-leo-prevost-vatican/.

125 Franklin Briceño and Nicole Winfield, "Prevost, Now Pope Leo XIV, Known as the 'Saint of the North' in Peru for His Closeness to Poor," *The Washington Post*, May 8, 2025, https://www.washingtonpost.com/world/2025/05/08/prevost-american-pope-profile-leo-xiv/526c9be8-2c35-11f0-a724-3bc879c9f843_story.html.

126 Ricardo Morales Jiménez, "Interview with Cardinal Robert Prevost OSA: 'Above All, a Bishop Must Proclaim Jesus Christ,'" May 8, 2025, https://www.augustinianorder.org/post/interview-with-cardinal-robert-prevost-osa-above-all-a-bishop-must-proclaim-jesus-christ.

127 "Evening of Reflection with Cardinal Prevost and Mass," St. Jude Catholic Church, New Lenox, Illinois, August 7, 2024, https://www.youtube.com/watch?v=9U3yBFdt4QM.

128 Scott Detrow, "Cardinal Timothy Dolan Reflects on the Significance of the First American Pope," NPR, May 10, 2025, https://www.npr.org/2025/05/10/nx-s1-5393756/cardinal-timothy-dolan-reflects-on-the-significance-of-the-first-american-pope.

129 Freddie Clayton, "How Leo Became the Unexpected Pope," NBC News, May 11, 2025, https://www.nbcnews.com/world/the-vatican/leo-became-unexpected-pope-rcna206003.

130 Jason DeRose and Scott Simon, "U.S. Cardinals React to the New Pope Being fromChicago," NPR, May 10, 2025, https://www.klcc.org/2025-05-10/u-s-cardinals-react-tothe-new-pope-being-from-chicago.

131 Pope Leo XIV, "Read the Full Transcript of Pope Leo XIV's First Speech," *The New York Times*, May 8, 2025; see also https://www.nytimes.com/2025/05/08/world/europe/pope-leo-xiv-speech-transcript.html.

132 Christopher White, "Pope Leo XIV Pleads for End to Ukraine, Gaza Conflicts: 'Never Again War!'" *National Catholic Reporter*, May 13, 2025; see also https://www.ncronline.org/vatican/pope-leo-xiv-pleads-end-ukraine-gaza-conflicts-never-again-war.

133 Pope Leo XIV, "Address of the Holy Father Leo XIV to Representatives of the Media," May 12, 2025, https://www.vatican.va/content/leo-xiv/en/speeches/2025/may/documents/20250512-media.html.

134 Deborah Lubov, "Pope Leo XIV Speaks by Phone with Ukraine's President Zelensky," Vatican News, May 12, 2025, https://www.vaticannews.va/en/pope/news/2025-05/

popeleo-and-ukraine-s-president-zelensky-speak-by-phone.html.
135 Lucy Pakhnyuk, "In 2022 Interview, Pope Condemns Russia's 'Imperialist' Invasion of Ukraine," The Kyiv Independent, May 10, 2025; see also https://kyivindependent.com/pope-condemns-russias-imperialist-invasion-of-ukraine-in-2022-interview/.
136 Elizabeth Dias, "Conservative Catholics Take Stage in Rome, Looking to Shape the Church," The New York Times, May 6, 2025, https://www.nytimes.com/2025/05/06/us/conclave-pope-conservative-catholics.html.
137 Christian Edwards, Lauren Kent, Christopher Lamb, and Kara Fox, "Pope Leo Asks Cardinals to Make Themselves 'Small' in First Mass as Pontiff as Cardinals Deny He's a 'Counterweight' to Trump," CNN, May 9, 2025, https://edition.cnn.com/2025/05/09/europe/pope-leo-xiv-first-mass-sistine-vatican-intl.
138 Michael O'Loughlin, "Pope Francis' Last U.S. Appointments Reflect on What it Means to be 'A Francis Bishop,'" America, April 25, 2025; see also https://www.americamagazine.org/faith/2025/04/25/pope-francis-bishops-mcknight-lewandowski-250487.
139 Nathalie Becquart, "A Synodal Pope for the Church in Service of Peace," L'Osservatore Romano, May 14, 2025, https://www.osservatoreromano.va/fr/news/2025-05/fra-006/un-pape-synodal-pour-une-eglise-au-service-de-la-paix.html.
140 Christopher White, "Pope Leo XIV to Church Authority: 'Make Oneself Small' to Glorify Christ," National Catholic Reporter, May 9, 2025; see also https://www.ncronline.org/vatican/pope-leo-xiv-church-authority-make-oneself-small-glorify-christ.
141 Paulina Guzik, "Angelicum Rector: Pope's Election 'Greatest Mercy God Has Ever Shown on Catholic Church in America,'" Our Sunday Visitor, May 13, 2025, https://www.osvnews.com/angelicum-rector-popes-election-greatest-mercy-god-has-ever-shown-on-catholic-church-in-america/.
142 Justin McLellan, "Pope Francis Establishes New Commission to Boost Donations to the Holy See," America, February 26, 2025, https://www.americamagazine.org/faith/2025/02/26/pope-francis-establishes-commission-holy-see-donations-250002.
143 Drew Hinshaw, Joe Parkinson, and Stacy Meichtry, "The Vatican Financial Mess Pope Francis Couldn't Fix," Wall Street Journal, May 6, 2025; see also https://www.wsj.com/world/europe/vatican-pope-finances-5d3a9bbd?mod=hp_lead_pos7?mod=WSJ_TJPOD.
144 Elise Allen, "Serious Questions of Credibility Surround Coverup Allegations against

New Pope," *Crux*, May 9, 2025, https://cruxnow.com/vatican/2025/05/serious-questions-of-credibility-surround-coverup-allegations-against-new-pope.

145 Aleja Hertzler-McCain and Claire Giangrav., "Pope Leo XIV Draws Praise on Handling Sex Abuse—and Some Complicated Allegations," *Religion News Service*, May 13, 2025, https://religionnews.com/2025/05/13/pope-leo-xiv-draws-praise-on-handling-sex-abuse-and-some-complicated-allegations/.

146 Hertzler-McCain and Giangrav., "Pope Leo XIV Draws Praise," *Religion News Service*, May 13, 2025.

147 Christian Edwards, Lauren Kent, Christopher Lamb, and Kara Fox, "Pope Leo Asks Cardinals to Make Themselves 'Small' in First Mass as Pontiff as Cardinals Deny He's a 'Counterweight' to Trump," CNN, May 9, 2025, https://edition.cnn.com/2025/05/09/europe/pope-leo-xiv-first-mass-sistine-vatican-intl.

148 Michael O'Loughlin, "Pope Leo in 2023: 'All People are Welcome in the Church,'" *Outreach*, May 10, 2025; see also https://outreach.faith/2025/05/pope-leo-in-2023-all-people-are-welcome-in-the-church/.

149 "Pope Leo on Inclusion in the Church," *Catholic News Service*, May 9, 2025, https://www.youtube.com/watch?v=qsS5R6HHS-g.

150 Andrea Tornielli, "Archbishop Prevost: 'The Bishop Is a Pastor, Not a Manager,'" *Vatican News*, May 4, 2023, https://www.vaticannews.va/en/vatican-city/news/2023-05/archbishop-prevost-the-bishop-is-a-pastor-not-a-manager.html.

151 Nicole Winfield, *National Catholic Reporter*, May 15, 2025; see also https://www.ncronline.org/vatican/those-whove-worked-pope-leo-xiv-are-optimistic-hell-elevate-womens-roles-limits.

152 Phyllis Zagano, "Will Pope Leo XIV Make the Call on Women Deacons?" *National Catholic Reporter*, May 13, 2025; see also https://www.ncronline.org/opinion/guest-voices/will-pope-leo-xiv-make-call-women-deacons.

153 Christopher White, "Pope Decries 'Major Crisis' of Trump's Mass Deportation Plans, Rejects Vance's Theology," *National Catholic Reporter*, February 11, 2025; see also https://www.ncronline.org/vatican/vatican-news/pope-decries-major-crisis-trumps-mass-deportation-plans-rejects-vances.

154 Rachel Treisman, "Pope Leo's Stance on Key Issues, from Climate Change to LGBTQ+ Rights to U.S. Politics," NPR, May 9, 2025, https://www.npr.org/2025/05/09/nx-s1-5393705/pope-leo-stance-issues-lgtbq-climate-women-politics.

155 Tim Balk, "In Pope Leo, Some in MAGA Movement See an Antagonist," *The New*

York Times, May 9, 2025; see also https://www.nytimes.com/2025/05/09/us/pope-leo-maga-donald-trump-steve-bannon.html; and Sam Barron, "Santorum to Newsmax: 'Disturbing' American Pope Didn't Speak English," Newsmax, May 8, 2025, https://www.newsmax.com/newsmax-tv/pope-conclave-rick-santorum/2025/05/08/id/1210150/.

156 *The Federalist*, "Read The New Pope's Far-Left Takes On Immigration, Climate, Covid, And Race Relations," May 8, 2025, https://thefederalist.com/2025/05/08/read-the-new-popes-far-left-takes-on-immigration-climate-covid-and-race-relations/.

157 Kaia Hubbard, "Pope Leo XIV Honored by Trump: 'It is Such an Honor to Realize That He Is the First American Pope,'" CBS News, May 8, 2025, https://www.cbsnews.com/news/new-pope-leo-xiv-american-trump-reaction/.

158 *Forbes*, "Cardinal Timothy Dolan: Pope Leo XIV Not Elected to Be Counterweight to Trump," May 9, 2025, https://www.youtube.com/watch?v=PwY3UaeJ1IM.

159 Elise Ann Allen, "Pope Leo Makes Private Pilgrimage to Shrine to St Augustine," *The Catholic Herald*, May 11, 2025; see also https://thecatholicherald.com/pope-leo-makes-private-pilgrimage-to-shrine-to-st-augustine/.

160 "Address of His Holiness Pope Leo XIV to the College of Cardinals," May 10, 2025, https://www.vatican.va/content/leo-xiv/en/speeches/2025/may/documents/20250510-collegio-cardinalizio.html.

161 "Eucharistic Celebration for the Beginning of the Petrine Ministry of Bishop Leo XIV of Rome, Homily of Pope Leo XIV," May 18, 2025, https://www.vatican.va/content/leo-xiv/it/homilies/2025/documents/20250518-inizio-pontificato.html.

지금이야말로 사랑할 시간
ⓒ 크리스토퍼 화이트, 2025

초판 1쇄 인쇄 2025년 12월 1일
초판 1쇄 발행 2025년 12월 15일
서울대교구 인가 2025년 10월 24일

지은이 크리스토퍼 화이트

옮긴이 방종우

펴낸이 유강문

편집2팀 이윤주 김지하

마케팅 김한성 조재성 박신영 김애린 오민정 우지윤

펴낸곳 ㈜한겨레엔 www.hanibook.co.kr

등록 2006년 1월 4일 제313-2006-00003호

주소 서울시 마포구 창전로 70(신수동) 화수목빌딩 5층

전화 02-6383-1602~3

팩스 02-6383-1610

대표메일 book@hanien.co.kr

ISBN 979-11-7213-348-1 03230

※ 책값은 뒤표지에 있습니다.
※ 파본은 구입하신 서점에서 바꾸어 드립니다.
※ 이 책의 일부 또는 전부를 재사용하려면 반드시 저작권자와 ㈜한겨레엔 양측의 동의를 얻어야 합니다.